○

杨来江 著

在路上

——鲁加升与南洋学院

On my Way

President Lu Jiasheng and
Xiamen Nanyang Univertsity

厦门大学出版社
XIAMEN UNIVERSITY PRESS

国家一级出版社
全国百佳图书出版单位

图书在版编目(CIP)数据

在路上:鲁加升与南洋学院/杨来江著.—厦门:厦门大学出版社,2020.11
ISBN 978-7-5615-7972-5

Ⅰ.①在… Ⅱ.①杨… Ⅲ.①厦门南洋学院—校史 Ⅳ.①G649.285.71

中国版本图书馆 CIP 数据核字(2020)第 217365 号

出 版 人	郑文礼
责任编辑	郑 丹
出版发行	厦门大学出版社
社 址	厦门市软件园二期望海路 39 号
邮政编码	361008
总 机	0592-2181111 0592-2181406(传真)
营销中心	0592-2184458 0592-2181365
网 址	http://www.xmupress.com
邮 箱	xmup@xmupress.com
印 刷	厦门集大印刷厂

开本	720 mm×1 000 mm 1/16
印张	12.5
插页	2
字数	212 千字
版次	2020 年 11 月第 1 版
印次	2020 年 11 月第 1 次印刷
定价	58.00 元

本书如有印装质量问题请直接寄承印厂调换

厦门大学出版社
微信二维码

厦门大学出版社
微博二维码

目 录

第一章　鲁井崖少年

1

1. 鲁井崖的"小毛"

1961 年农历七月初五，鲁加升在江苏省徐州市睢宁县长埝大队鲁井崖（yái）村出生。

行远寻梦是鲁家人代代相传的谋生手段和人生理想。1930 年，鲁加升的爷爷不甘困于乡下一隅，只身前往西安闯荡，相继在车站、饭店、旅馆当学徒，经过两三年的努力奋斗，积攒了人脉和财力，很快就开了一家旅馆，生意做得风生水起，随后，他便在西安娶妻生子。1937 年秋，由于战争影响，西安城内一度陷入恐慌，有能力的百姓纷纷撤离，经济一时萧条，旅馆的生意入不敷出，再加之物价上涨，吃饭也是个难题，鲁加升的爷爷只好考虑将家人送回江苏鲁井崖老家。那时候，西安到徐州的铁路中断，爷爷便将旅馆的五辆马车低价变卖了三辆，用另两辆载着家人和行李经过一路跋涉返回了鲁井崖。本想着等把家人安顿好后再去西安，但随着抗日战争形势越来越严峻，从徐州去往西安的交通全面瘫痪，他只好滞留在家，这一留就成了永远。

鲁加升的父亲鲁邦君 1935 年出生于古城西安，小名就叫长安，能记事起就一直在鲁井崖生活；他经历了中华人民共和国成立前后四十年中国社会的巨大变革，在战争的枪炮声中慢慢长大，在纷繁的革命运动中娶妻生子。鲁加升的父亲在结婚之前就当选为长埝大队鲁井崖村第四生产队的队长，随后又担任过长埝大队民兵营营长，最后在长埝大队任副书记直到退休。长期的基层工作让父亲获得了长埝人的信任和尊崇，人们认为他"果敢而有胆识、居功却不自傲，慷慨大方，正直善良、乐于助人、热爱长埝"。

鲁加升出生的时候，大姐鲁凤梅才刚刚学会独立吃饭，他的出生对在饥

3

饿线上挣扎的鲁家来说无异于雪上加霜。因为鲁加升不像自己那样生于异地他乡，父亲便给他取名"鲁家生"。那是三年困难时期，母亲根本没有足够的奶水应对两个孩子的口粮，只好用杂面稀汤喂养，等鲁家生勉强可以进食的时候，就和大人一样吃杂面菜疙瘩饭，因为长期营养不良，鲁家生小的时候骨瘦如柴，形似小猫，村里人就给他起了个小名叫"小毛"，以至于忘了他真正的小名——家生。"小毛"这个名字一直用到上小学后才渐渐被鲁家生三个字替代。

鲁加升3岁的时候，家里的第三个孩子——鲁加升的大弟弟鲁加坤出生，为了解决住房紧张的问题，鲁加升被母亲送到了大奶奶家与大奶奶同住。

鲁加升的爷爷共弟兄二人，爷爷排行第二。兄弟间和睦融洽，互帮互衬。大爷爷年轻时勇武有力，深受乡邻们赞赏，可他在婚后不久便因病逝去，独留年轻的妻子孀居。大奶奶中年的时候领养了娘家侄女与自己作伴生活，鲁加升叫她姑姑。鲁加升的童年时代就一直和大奶奶、姑姑三人生活在一起。鲁加升对大奶奶的感情极深，他离开了鲁井崖，心心念念的总是孤苦伶仃的大奶奶。大奶奶和姑姑对他倍加疼爱，衣服破了大奶奶给他补，有好吃的也给他留着。在大奶奶家，鲁加升的生活相对好了起来。

1969年，8岁的鲁加升进入长堎小学读书。第一天书刚拿到手，他就在书上端端正正地写下了"鲁家生"三个字，这令老师和全班同学大为惊讶。班主任是个刚从学校毕业、二十出头的民办教师，他将鲁加升的课本让全班同学传阅，并对他大加表扬，这令鲁加升对读书一下子有了兴致。随后他的表现让老师们很是欣喜，因为他在数学方面有天分和他去过北京见识比较广，再加之每次考试都能拿到满分，这让长堎小学的老师们对鲁加升赞赏有加，他因此而成为同学们羡慕的对象和学习的榜样。

8岁那年的秋天，身为生产队队长的父亲回家后，为村里人外出卖菜不会算账而懊恼。鲁加升听说了父亲的烦恼后，向父亲毛遂自荐，说可以跟着去卖菜，帮着算账收钱。父亲想让他长长见识也好，便答应了。于是，连着几个周末，鲁加升都和村里人一起拉着架子车到集市上去卖菜，小家伙快速而准确的计算吸引了路人，每次菜都很快就卖完了，而且还比以往得的钱多，同去的人一再地夸他是神童。鲁加升第一次尝到了知识的乐趣和力量。于是更加勤奋地读书，学完了自己的课本，就去看姐姐的课本，假期的时候甚至还看姑姑的课本，广泛涉猎知识令他眼界大开。

　　小学三年级的时候，鲁加升得了肾炎，不得不因病休学一年。借着长期自学的良好习惯和对高年级知识的广泛猎取，鲁加升靠阅读度过了一年漫长的寂寞孤独时光。

　　疾病让一个孩子临近尾声的童年陷入了无边的昏暗，而阅读却丰富了他的精神世界。那个年代，书是最难得的贵重东西，鲁加升起先看的是姐姐和姑姑的课本，他对自然和历史颇感兴趣。等他读完了，就去找别的书，父亲拿回来的报纸成了他日常阅读的主要对象，但他仍然不满足，就跟关系要好的同学去借书，晚上在油灯下读。在阅读中，鲁加升渐渐对自己的家乡、对睢宁、对徐州有了更进一步的了解，他的家乡是汉文化的发祥地，他为自己生活在这样一个富有历史文化底蕴的地方而自豪。

2. 柴胡学校

自那场大病之后，鲁加升住回到了自己的家里。爷爷去世后，父亲为了方便照顾奶奶，让奶奶也搬回家住。1975 年，鲁加升小学毕业时，将满 14 岁，那一年，大姐（老大）鲁凤梅已经 16 岁了，大弟弟（老三）鲁加坤 12 岁，大妹妹（老四）鲁桂英 9 岁，二妹妹（老五）鲁涵 7 岁，二弟弟（老六）鲁加超 3 岁，三弟弟（老七）鲁波 2 岁。随着孩子越来越多，家里的境况也越发艰难起来。14 岁那年，鲁加升以优异的成绩进入柴胡学校读初中。柴胡学校距离鲁井崖五里路，鲁加升与比自己高一级的姐姐同步上学，早出暮归。这时候，鲁加升开始发育，饭量也一天天增大，"小毛"的形象略有改观。那时候初中是两年制，作为高年级的姐姐经常将自己抢到的开水给他喝，很多时候还会把细面馍馍给他吃，自己吃粗粮。从这时候起，大姐就成了鲁加升学习生涯中的坚强后盾，他甚至说，他能考上大学，是因为大姐将家里的细粮节省下来让他吃了。

初中的日子，因为家里的孩子太多，鲁加升为了方便看书学习，经常去和队里牛棚值班的人住。日子倒也快乐自在。

柴胡学校的两年时光，鲁加升刻苦学习，每门功课都名列前茅，甚至高他一级的大姐有不会做的题，他也能一起讨论，因而深受同学和老师的喜爱。从此，他的孤独感慢慢减轻，对生活的热情也与日俱增。

鲁加升以优异的学习成绩成了鲁井崖村往后多年学生中的一个标杆，老师们以他为榜样来教育和激励后来者。鲁加升在学校的光环给渐次入学的弟弟妹妹们造成了不小的"压力"和"困扰"，他们都不同程度地在与哥哥的比较中受到了影响，对大哥鲁加升的敬佩之情也油然而生并愈演愈烈，鲁加升成了兄妹们的榜样和代表。总有老师会在他们考试成绩出来的时候与鲁加升当年比，他们一面羞愧于自己的成绩，一面又充满了自豪。及至老六鲁加超入学，才受到了"公正"的待遇，他以与大哥一样的优秀，兄弟两人续接了"学霸"的称号。

万物复苏，一个新的时代正式开启。1977 年，16 岁的鲁加升初中毕业，朝气蓬勃的他展开双臂与这个崭新的世界拥抱。和所有的年轻人一样，他对未知的世界充满了好奇和探究的激情，想看世界，哪怕当时并无支撑梦想的财力。

既然没钱，那就去赚钱。这是一个极为大胆的设想，在那个年代，经商赚钱大多是投机倒把的行为，胆小的人从来不会在这方面动脑筋。但那时候，历经十年运动，自上到下恢复生产的期盼十分热切，很多人都背地里偷着做生意，监管部门也不再那样严苛了，但总归是没有完全放开，出门做生意还是很有风险的。那时候，自行车是"贵族用品"，但因为是计划经济，有些想买的人拿着钱也买不到，堂兄及小学老师鲁加明之前听人私下里说过大城市里可以通过特别渠道买到二手自行车，带回来一辆就可以赚二十几元钱，那可是一个民办教师差不多一年的工资。鲁加升听后大喜，当时就要一起去贩卖自行车，堂兄也同意带上他。放假后，同村三人相伴，先坐汽车，再转火车，再坐汽车，经徐州、蚌埠，辗转到了安徽淮北市，由于本钱紧张，他们只好每人买了一辆旧自行车，然后一路从淮北市骑回了长垴。自行车很快就出手了，他们赚得了人生第一笔"大钱"。这次经历，改变了鲁加升早期学医的理想，他发现，要改变家庭的困境，就要在"经营"二字上着手，只有积累了财富，让全家人吃饱穿暖，才能更好地谈梦想。从这时候起，经商的念头就在他脑海里深深扎下了根，一有时机，他总想要去试一试。他隐约觉得，很快，做生意将不再是一项令人担惊受怕的事。

这一年，鲁加升顺利考上了高中。正当鲁加升站在人生的十字路口犹豫徘徊的时候，恢复高考制度的消息犹如一道曙光向他袭来，照亮了他的人生。

这一道高考的闪电迅速击中了鲁加升求学的神经，他无比激动地投入到高考的备战中。半年后的 1978 年的秋天，第二次高考启动，应届毕业的大姐鲁凤梅报名参加，遗憾的是她未能如愿。正读高一的鲁加升建议大姐复读一年，来年再考，鲁凤梅听从了弟弟的建议，和鲁加升又一起同读了一年高中。

3. 实现大学梦

1977 年，鲁加升最小的妹妹（老八）鲁晓芹出生，八个孩子的一个大家庭，生活的拮据可想而知，虽然家里对大姐和鲁加升的生活开支略有倾斜，但与同龄的孩子比起来，他们依然是班里的贫困生。好在住校生的日子大致相似。他们住在学校为了防地震而建的茅草屋宿舍里，夏天热得睡不着，冬天冻得瑟瑟发抖，周一从家里带的馍馍到周三就会发霉，学校的食堂勉强可以糊口……整个高中时代，在极为艰苦的学习条件下，大姐对鲁加升仍旧有着无微不至的照顾。

高考之前，鲁加升因为吃了发霉的馍馍，闹了 20 多天的肚子，临近高考的时候他已经浑身软弱无力，面黄肌瘦，连走路都打着摆子，所有人都为他担心起来，但鲁加升以他坚强的毅力和对学习的自信，在疾病中坚持学习。高考点设在王集乡中学，鲁加升和那些与他一样贫穷的学生一起，自己背着席子和被子，露宿在乡政府小平房的屋檐下，三天的高考，他每天饿了就用从家里带来的馍馍充饥，在蚊子的狂袭和炎热的天气中，鲁加升借着月光温习功课，他并没有感到艰难，他相信，从此之后，定会有一个湛蓝的天空任他翱翔。

意料之中，鲁加升没有辜负自己在那个年月里所受的苦难，他以高出重点线 10 分成为苏塘中学榜首的明星。

填报志愿的时候，多年来潜藏在内心的两个心愿——西安和飞机，让鲁加升毫不犹豫地选择了西北工业大学，考取了陀螺仪与惯性导航专业，成为苏塘中学那一届学生里唯一一个进入全国重点本科大学的学生。

大姐鲁凤梅第二次高考仍然落榜，这成了鲁加升多年郁结于心的一大遗憾。而鲁凤梅在为自己感到失落的同时，也为弟弟鲁加升的金榜题名而无限自豪。

　　拿到录取通知书的鲁加升蹦跳地走在回家的路上，他的脚步那样轻快，心情那样舒畅，四野的风徐徐吹来，拂过他的脸颊，拂过他的头发和衣角，他嗅到了迎面而来的花香，听到了欢歌笑语的鸟鸣，那天空啊，蓝得和大海一模一样。而事实上，当几十年后鲁加升回望 18 岁之前在农村老家的生活时，他反而觉得他所经历的鲁井崖时光仅仅是他与亲人们所共同面对的一段特殊的生活上的困难时期而已，尽管在那个年代，他确实是切身感受到了生活的种种艰辛和无奈，但也只能说那是全中国人民共同经历的一段困难时代，这种困难落于个体生命中却又因着受众群体的巨大相似性而无法凸显个人人生的不幸，在既定的生命模块中，却并没有迥异于他人的更加超脱的苦难，所以，相较而言，苦难和不幸便不显得那么明显了。在鲁加升看来，人生其实有很多比缺衣少食更加困难、更加让人不可名状的事。

　　1979 年，离开鲁井崖到古城西安求学的鲁加升，在见识了城市的繁华之后，经历很多人生十字路口的时候，他总会觉得，人生的选择比缺吃少穿重要百倍：我们要成为什么样的人？我们要到哪里去？我们的人生理想和目标到底是什么？我们又如何才能实现人生的最高价值？而与他在鲁井崖时代的困难相比，这一切显得更为重要。

　　做什么？如何做？这是鲁加升在几十年来的砥砺前行中不懈追问自己的两个难题，也是他后来不断告诉南洋学子的两个哲学命题——想明白了，做好了，便成功了。除此再无捷径。

　　但在童年和少年时代，鲁井崖的艰辛经历，还是一直跟随着鲁加升，激发了他的斗志，通过怀念而不遗余力地对命运的抗争，让他与自己人生的理想状态越来越近。从这个意义上来说，鲁加升对鲁井崖反而充满了感激与眷恋之情。

4. 更名鲁加升

真正要离开鲁井崖了，鲁加升反而对这个生活了 18 年的地方恋恋不舍。

父亲洗了手，才将录取通知书拿在手里，他端坐在椅子上，一字一句地给母亲读。"鲁加升"，当他念出这三个听起来十分熟悉而又看着很是陌生的字时，严肃而又一脸疑惑地看着鲁加升。鲁加升肯定地点点头，父亲迟疑了良久，才又将目光落回到那张纸上，自言自语道："家生，家生……加升，加升……"站在一旁的母亲被父亲的举动弄糊涂了，就问："怎么了?"父亲没接话，抬起头来，目光从门口穿过，落在远处的墙壁上，他愣了一会儿神，突然对鲁加升说："改得好，改得好。"这是父亲头一次当着鲁加升的面如此肯定他。

从鲁家生到鲁加升，并不是鲁加升心血来潮而胡乱改的名字。12 岁那年六病初愈，在死亡线上走过一遭的鲁家生，在面对一切欣欣向荣的未来而踌躇满志的时候，他真切地感到了一股重生的真实和向上的力量，这种力量推着他，让他度过了由童年向少年时代迈进的艰难时期——病痛令他突然长大而自觉自省，从那一刻起，他就思谋着要以焕然一新的姿态寻找新的天空，改名字这一"重要事件"被他纳入其中，但想了好多名字也没有中意的，到了初中，因为熟悉的同学一开口就叫他鲁家生，他改名字的计划就此搁浅。升入高中后，在目睹了 1977 年一年两次高考后，他才意识到，农村孩子要改变命运，唯一的捷径就是考上大学。品学兼优的鲁加升在确立了人生的第一个目标的同时，脑海里就冒出了"加升"二字——考上大学就是"加升"，而只有"加升"才能实现自己的理想，于是在高考报名的时候，他就在姓名一栏里郑重地写上了"鲁加升"三个字。

　　鲁加升考上全国名校的消息在家乡不胫而走。整个苏塘乡都在谈论着鲁加升的名字，亲戚朋友都来家里道贺，附近几个村里的人甚至带着孩子来向鲁加升"取经"。鲁井崖一时之间因为一个大学生而热闹起来。录取通知书在人们手中传阅着，人们一次又一次念着"西北工业大学"，念着"鲁加升"。鲁加升将这个消息告诉大奶奶的时候，她摸着他的头，高兴得眼泪直流，一个劲儿地说："考上了好，考上了好。"鲁加升望着她，心想等以后赚了钱，要好好孝敬从小养育他的大奶奶。那一刻，他雄心勃勃，立志要闯出一番天地来回报父母家人，回报鲁井崖。

　　1979 年，是鲁加升命运转折之年。这年秋天，18 岁的鲁加升坐汽车到徐州，心里满是激动，而不幸的是，当他赶到火车站的时候，当天的车票已经售完，为了省钱，鲁加升就在火车站的椅子上将就了一晚。在排队候车时，巧遇了同班又同乡的一个女同学，两人默默结伴而行，从徐州坐火车去西安，整整坐了 26 个小时。下车的时候，他双腿发麻，但仍然难掩他心中的兴奋。这是爷爷曾走过的路，今天他再来走，大有收拾旧山河之感。报完名后，鲁加升就迫不及待地坐公交车去寻找爷爷当年战斗过的地方，他凭着童年时爷爷曾说过的点点滴滴一路找过去。可惜的是，历经 40 多年的风风雨雨，早已物是人非，他连一点蛛丝马迹都没有找到，但他因此喜欢上了这座有着深厚人文底蕴的历史文化名城。他站在钟楼附近的城墙下，心想：西安，我来了。

1975 年 5 月，鲁加升（后排左一）与小学同学合影

1977 年，鲁加升（前排中）与初中同学合影

1992 年 3 月，鲁加升（后排左一）兄弟姐妹 8 人与父母亲在老宅前

第二章 从西安到厦门

2

1. 就读西工大

甫一入学，鲁加升就对自己即将要生活和学习四年的这所名校进行了考察，在得知了西北工业大学深厚的办学历史，见识了学校先进的办学理念后，鲁加升深受震撼，为自己能进入这所很多人梦寐以求的三航（航空、航天、航海）大学而荣幸和自豪。

由于对飞机的热爱，鲁加升选择了陀螺仪与惯性导航专业。对一个农村孩子来说，陀螺仪与惯性导航是一个新鲜而神秘的代码，尤其在那个年代，这个专业充满了神秘色彩，很多人因此而对这个领域望而生畏，但鲁加升从小就对飞机灵敏飞行的原因十分好奇，再加之他对数学、物理的喜爱和擅长，他觉得自己可以在这一领域大有作为。

现代陀螺仪是一种能够精确地判断运动物体的方位的仪器，它是现代航空、航海、航天和国防工业中广泛运用的一种惯性导航仪器，它的发展对一个国家的工业、国防和其他高科技的发展具有十分重要的战略意义。鲁加升入学的时候，现代光纤陀螺仪理论已有了初步发展，鲁加升对此颇有兴趣，在学习基础课程的同时，对未知新领域也展开了积极的探索和研究。

第一次班会，同学们相互做了自我介绍，辅导员在抽选班干部的时候，任命做过中学学生会主席的鲁加升为临时班长，并决定班干部先试用一个月，到时候看是否胜任再做调整。作为临时班长的鲁加升对自己的大学生活有了更高的要求，他一面以身作则，给同学们树立榜样；一面积极搞好班务，为大家做好服务。一个月后，辅导员发现鲁加升对团支部的工作更得心应手，于是，便将他和临时团支部书记作了调换，而那时候他并没有想到，仅仅是因着这一次看似简单的调换，为他今后走上工作岗位奠定了基础。这一干，就是整整四年。

那时候大学生是稀有"物种"，一进大学门，人生便已经尘埃落定，只等着四年大学生活结束后上班，根本不用为工作发愁，所以，很多人在进入大学后，反而迷茫彷徨，找不到方向——之前既定的大学目标完成后，有的人就会松懈下来，人生也失去了奋发向上的动力，形成了精神沼泽；有的人陷入其中，在无所寄托中虚度光阴。

鲁加升从一开始，就对自己的大学生活作了严格而周密的规划，童年时代所经历的孤独让他很快适应了以"个人"为中心的大学生活，他以顽强的毅力执行着自己的计划，在那种三点一线的枯燥中不断充实自己。他每天坚持早起早读，很晚才从自习室回来，学习是首要任务。功夫不负有心人，四年来，鲁加升的综合表现在班级一直名列前茅。他也因此获得了学校的很多奖项。

在改革开放浪潮的猛烈冲击下，中国经济体制由计划经济向市场经济转型，国家设立了深圳、珠海、厦门、汕头为代表的4个经济特区，对外开放从沿海向内地发展，形成了经济特区—沿海开放城市—沿海经济开放区—内地等这样一个全方位、多层次、宽领域的对外开放格局。农村也分产到户，人们开始了以各家各户为单位的独立生活，人的前进动力被市场激发出了无限可能，很多思维灵活、有开创意识的人便不再故步自封，他们开始尝试着进入市场，开始做生意。农村基层组织的工作也由领导层面转变为服务层面。鲁加升的父亲以他二十多年的村干部工作经验，敏锐地看到了改革开放的机遇，但像那个时代大多数的村支书所固执坚守的那样，他并没有立刻投身于市场，而是保持了一种观望的态度。尽管随着鲁加升考上了大学，鲁加坤参军，家里的人少了，但其他六个子女仍需要抚养，家里的开支日益增多，他肩上的担子也越来越重，生活相比于别人反而捉襟见肘。鲁加升的生活也很拮据。

鲁加升在学校的开支主要靠每月 22.5 元的助学金度日，他不愿也不想再向父亲伸手要钱，于是他便开始尝试勤工俭学，暑假留在学校干活，尽管收入甚微，但这种努力和尝试对那个年代的大学生而言非常难得，这些经历为鲁加升日后的工作积累了丰富的经验。

20 世纪 80 年代，是中国文学最为繁荣的黄金时代，诗歌在那个年代最为盛行，一个诗人会因为一首诗而红遍全国，在这种文学浪潮的激发下，作为理工科院校的西北工业大学也不甘屈居人后，热爱文学的学生在校内创立了文学社团，创办文学刊物，《西北工业大学报》也开辟专栏刊发文学作品，同学们在学习之余也对写作充满了兴致。有一次鲁加升在吃饭的时候，碰到一个熟识的高年级学长，聊天中鲁加升得知学长已经在西安的报纸上发表了诗歌作品，这令鲁加升很是吃惊。回去的路上他就想："别人能写，我为什么不能？"

别人能做好的事，我一定能做得更好。一直处于"三好学生"光环笼罩下的鲁加升在不断进步的过程中，不服输的闯劲激励着他敢于向新生事物和新的领域做出尝试。他雷厉风行，凭借着早年间大量阅读的积淀，很快就写出了一篇1000多字的随笔，他的第一个目标就是《西北工业大学报》。大二的时候，他的文章居然在《中国青年报》发表。鲁加升深受鼓舞，在同学们猜测"家声"是不是鲁加升的时候，他一头扎进图书馆，广泛涉猎，大量阅读中外名著，默默写作。大学四年，鲁加升进入了他人生第二轮的疯狂阅读，他的见识因此而增长，学识因此而丰盈，人生观和价值观在阅读中逐渐成型——"要走什么样的路？要成为什么样的人？"这两个问题在他的阅读中也慢慢清晰起来。阅读和写作让他变得成熟，格局变得更加博大，开始由己及人，在加速自身成长发展的同时，也将眼光触及周边，眼界放在了全国，乃至国际。团支部书记工作也得心应手，他所在的班级，在他和班长的带领下，年年被学校评为优秀先进班集体。

鲁加升后来以"家生""家声"为笔名，对外投稿，稿件多有采用，他偶尔能收到一些稿费。这种多方碰触、多面经营的方式极大地改善了鲁加升的经济状况，不但解决了他的吃喝用度，甚至还略有盈余。

大学第二年，由于个别同学乱拿碗筷，同学之间的碗筷"偷盗"之风日益盛行。那时候，学生们统一在学校的食堂吃饭，碗筷都自备，食堂不提供餐具，碗筷对每一个学生来说都是生活的必需品。但时间一长，有的学生碗筷摔坏了或者丢失了，他们不愿花钱再买，就偷拿了别人的碗筷，而丢了碗筷的人再接着又去拿别人的碗筷，这种恶习随着效仿的人越来越多，反而成了一种正常现象，不会有人觉得拿了别人的东西而羞愧，出现了你来我往的不良之风。同学们每天放学，就是找自己的碗筷，吃饭成了一件有负担的事。作为团支书的鲁加升目睹了这一现象，就一直想办法要制止这种恶习，有一天，鲁加升的碗筷也被人偷了，他便去学校商店买了一大堆碗筷，回来发给周围没有碗筷的人。随后，他召开班会，告诉同学们："偷盗是一种可耻的行为，碗筷混用极不卫生，今后谁的碗筷丢失了，就找我来取。"这一举动赢得了同学们的热烈拥护，很快就传遍了西北工业大学。自此之后，偷盗之风逐渐得以遏制。

鲁加升常说："你对别人一分好，别人就会用十分好来回报你，倘若你在为别人付出的时候，就想着要得到别人的回报，那便什么好也得不到。"这是他的人生信条之一，这种大学期间形成的价值观为他日后的创业带来了诸多便利。

大学三年级，鲁加升在报纸上看到吉林一个中专贫困生李德春的报道，被他的贫困和坚强所感动。鲁加升按照报上提供的联系方式，给李德春写信，在交往中得知他父母双亡，养活自己的同时，还要照顾几个弟弟妹妹，鲁加升毅然决定要给他提供力所能及的帮助。鲁加升每月从自己的生活费中匀出一点钱，寄给李德春，并写信鼓励他一定要完成学业。李德春在鲁加升的帮助下最终如愿毕业走上了工作岗位，多年后，他们失去了联系。但鲁加升为自己在学生时代做了这样一件乐于助人的事而感到高兴。他说："我们很多人总想着自己过得很难，而不会想到有些人过得更难，但我们的很难是为了追求更高的生活品质，而有些人的难仅仅是为了生存。这是两个不同的概念，这需要我们辩证地看待，我们的一些小小的帮助可能会改变一个人一生的命运，善莫大焉！"

"往往一件小事就能看出一个人的品质，做好事不在于事情的大小，而在于一个人对这个世界的认识和看法。"正是这样一点一滴的努力和付出，鲁加升卓越的领导才能和高尚的个人品德得到了学校团委的关注，他以团支书的身份经常搞一些活动，逐渐赢得了校团委和学校领导的信任和认可。

1982 年 5 月，鲁加升以优异的成绩和过硬的政治素养，加入了中国共产党，成为西工大在校大学生中为数不多的党员之一。

大学四年来，鲁加升在紧张的学习和工作之余，还坚持长跑训练。"长跑不仅可以锻炼身体，更重要的是它能锻炼我们的意志，那种持久的、坚韧的生活意志。"从小骨瘦如柴、在病痛中饱受折磨的鲁加升太明白强健的体魄对一个人的重要性，纵然大学期间的鲁加升已经脱胎换骨，变成了一个强壮而充满活力的青年，但他还是多方位地激发着自己的潜能。鲁加升经常参加学校或者校外的长跑比赛。大学四年级的时候，由他辅导带领的低年级学生长跑队，在全校大学生长跑比赛中拿到了冠军。他还作为学校合唱团的成员，参加了全省大学生歌咏比赛。"任何一种坚持，都会给我们带来意想不到的收获。"他说。

　　大学期间，鲁加升目睹了改革的春风给城市带来的巨变，他以一个大学生的远见卓识对鲁井崖心生悲悯。每次回家，他心情都无比激动，这一方面来自于与亲人的团聚，另一方面则是急于想把自己的所思所想所感所见分享给家人和鲁井崖的好友们，他希望能通过自己的努力让人们迅速融入改革开放的浪潮中去，让生活变得更加美好。

　　从西安回徐州的车程漫长而无聊，鲁加升每次回家，都会带一本书打发时间。而这种无心插柳的阅读往往会给他带来意外的收获。有一次他在车上读书，很快就读完了，正愁后面剩下的几个小时怎么打发，同坐的人从包里掏出包裹东西的几张旧报纸给他，在随意的翻阅中，他发现了潘懋元这个名字，那是一篇题为《必须开展高等教育的理论研究——建立高等教育学科刍议》的文章。他眼前一亮，怎么也没有想到，自己苦苦追求的大学竟然尚在探索阶段，在潘懋元的眼中，当前的大学还混同于初中和高中的培养模式，并没有独立的成型的板块，而"高等专业教育学"或"高等学校教育学"才是未来大学的发展方向。这是一片新的广阔领域。对未知的新兴事物向来颇感兴趣的鲁加升，回到学校后来，查阅了潘懋元先生的相关资料，才得知潘先生早在 20 世纪 50 年代初期，就敢为天下先，竭力推动中国高等教育的发展，1978 年，潘懋元组织创建了中国第一个高等教育研究机构——厦门大学高等教育科学研究室。而在鲁加升进入大学学习不久，潘懋元参与发起并筹备成立了中国高等教育学会，1981 年，厦门大学招收了全国第一批高等教育学专业的硕士研究生，潘懋元成为我国第一位高等教育学的硕士研究生导师。"研究生"这一概念极大地改变了鲁加升对大学的认识，也解决了他长期以来思考的"大学毕业了，怎么办"的难题。在四年的学习生涯中，鲁加升对自己所学专业有了全面的了解，但因为陀螺仪与惯性导航专业面临着科技革新，他一直想着应该有一个更高层次的学习机会，才能站在该专业领域的最高峰，这样才可以成为本专业的领军人才。而研究生学习无疑是向这一领域进军的一条路径，遗憾的是，他没有这样的机会，但他因此而受到启发：中国的大学将在未来的数年里发生翻天覆地的巨变，只有通过更高层级的学习才能成为各自专业的顶尖人才，而未来的大学将是一片极具发展前景的广阔领域，他相信，会有越来越多的人进入大学校园，也会有越来越多的人成为"研究生"。因为对潘懋元先生的关注，经济特区"厦门"和"厦门大学"成了鲁加升心之向往的一方高地。同时，教育家陈嘉庚的人生经历也进入了他的视野。

2. 留校工作

　　每次放假，车到徐州时都是天色已晚，鲁加升就在同学家里住上一宿，第二天才坐汽车回到鲁井崖。分产到户的鲁井崖一年比一年大有变化，人们经过短短的两三年就彻底解决了温饱问题，但与大城市相比，依然十分贫穷，大家固守在自己的一亩三分地里怡然自得，完全看不到外面世界的迅猛发展。鲁加升回到家里的首要大事就是将自己要好的几个同龄人约在一起，给他们讲世界格局，讲国家改革开放的政策，讲西安人的精神面貌和致富手段，他鼓励大家走出去看看外面的世界，鼓励他们放手一搏来改变家庭境遇。他说："机会要靠自己争取，只有到外面去，到大城市去，才能实现自己的理想和抱负。"在鲁加升的宣讲和劝说下，逐渐有人开始走出鲁井崖，去打工，去做生意，出去的人赚了钱回来，大家受了启发，便都跃跃欲试。

　　鲁加升对弟弟妹妹们的关心从来没有减少过，他经常写信督促他们好好学习，假期就给他们分别辅导作业，因而，在弟弟妹妹们心中，鲁加升甚至比父亲更加严厉。

　　鲁加升大四毕业的这年。大奶奶逐渐年迈，除了能自己做饭、做家务外，再也不能下地干活，鲁加升的父亲承担了赡养义务，对她和鲁加升的奶奶一样孝敬。姑姑初中毕业后，被时任生产队队长的父亲推荐为村里的通讯员，后又在父亲的帮助下，招工进了王集镇（苏塘乡后来并入王集镇）的轧花厂上班。鲁加升每次回家，除了要给奶奶和弟弟妹妹们买一包零食之外，还要特别给大奶奶带点心之类的东西看望她，还从西安买了一只暖水壶带给大奶奶。而令鲁加升尤其感动的是，每次去大奶奶家，他带的东西还没有拿出来，大奶奶就变着花样从柜子里翻出一大堆东西摆在他面前，那些东西都是姑姑回家的时候买给她的，她舍不得吃，一直留着，鲁加升知道，大奶奶是生怕他饿着。整个假期，他一有空就会去大奶奶家，陪她说话，给她讲外面的世界和自己的大学生活，大奶奶总是笑盈盈地听着，不住地说："小毛出息了，小毛出息了。"大奶奶是那个时候为数不多的还叫她小毛的人。偶尔，他也会在大奶奶家住，时常想起小时候自己的孤独，他知道人到晚年的大奶奶也定如他小时候一样的孤独，他一直想着，等自己工作赚钱了，一定要好好孝敬她老人家。然而，遗憾的是，他的心愿最终成了他一生的歉疚。

1983 年 7 月，鲁加升以优异的成绩顺利毕业，按照当时国家对人才的需求和西工大往届毕业生的去向，鲁加升已做好准备去深山里三线航空工厂工作，后来却很意外地收到了留校的通知。鲁加升拍了一封电报给父亲，将这一喜讯告诉了全家人。那一年，西工大学工口共留校 6 人，其他人都去了系里做辅导员，鲁加升被留在了学校团委。

1983 年 7 月，22 岁的鲁加升正式成为西北工业大学的一名教职工，进入学校团委宣传部工作。四年的班级团支部工作让他对团的工作了如指掌，因而一开始就驾轻就熟，并无障碍，但鲁加升没有因此而对自己有所放松，他坚持每天 7 点第一个去上班，打扫卫生、烧开水，学工处、团委 4 个办公室的活儿全都被他一人包揽了。当年 10 月，他参加了团委陕西省考察团，在大西北考察了一个多月，增长了许多见识。第二年，他就被提拔为校团委副书记。不久，鲁加升因工作需要，被调到学生处，随后任副处长。1987 年 4 月，26 岁的鲁加升升任西北工业大学校团委书记，成为西工大当时最年轻的处级干部。

鲁加升的爱情是在大三那年遇到的。他去一个在西安的远房亲戚家吃饭，两人相遇，得知对方在外贸学校上学，与西北工业大学相距不远，随后便偶尔相见。鲁加升在爱情面前内敛而矜持，虽然心有萌动，但他始终没有学会表白。直至鲁加升留校的事儿定下来后，他们才确定了男女朋友关系。

1985 年，鲁加升如愿进入婚姻的殿堂。妻子毕业后进入陕西省外贸公司上班，婚后他们住在西北工业大学的学生宿舍楼里。两年后的腊月二十九日，即将临盆的妻子如往常一样去上班，下午下班骑自行车到西工大校门口，突然腹部疼痛难耐，那时候通信尚且困难，她无法及时通知鲁加升，路过的好心人将她送去了医院。鲁加升得到消息后匆匆赶去，除夕的那天晚上女儿出生，鲁加升在产房门外焦急地等待着，后来他才知道他在产房门前等待的时候，电视上也正在同步直播 1987 年春晚郭达主演的小品《产房门前》，同事们笑着说，那个小品就是专为他而演的。

1986 年，由于工作的劳累和女儿出生带来的家庭操劳，鲁加升旧病复发。9 月，他带领入学的新生前往华山脚下军训，因为秋雨连绵，鲁加升感冒发烧，肾炎复发，被连夜送往西安的医院，在医院住了一个月，虽然略有好转，但仍旧控制不住病情。三个月后，在妻子的细心照料和友人的帮助下，鲁加升得以康复。

家庭和睦、婚姻幸福、事业顺畅，这一切在别人要用半生孜孜以求，他只用了四年。人生前半场的胜利比他预期的来得更快、更高。然而，对于鲁加升来说，一帆风顺并不意味着成功，他心中始终有一团火焰，个人的升迁和荣耀只是自己头上的光环，而他背负着的却是一家人的希望，甚至是鲁井崖整个村庄的希望，尽管他一直努力着为家人、为鲁井崖做一切力所能及的事，但终究太过单薄，就像他帮助妹妹来西安学习裁缝一样，还是改变不了她学完后仍旧回到鲁井崖的结局。他心有不甘却又无能为力，反而因此对弟弟妹妹们心生歉疚，在内心深处，他总渴望着某种深刻的变化，但一时并无头绪。

3. 到厦门去

20世纪80年代末到90年代初前后大约10年，是中国经济在改革开放浪潮中迅猛发展的年代，市场经济对商业带来了巨大的冲击，一些眼界宽、有闯劲的商人借助这股东风迅速崛起，成为改革开放的弄潮儿。与此同时，在体制内有着一份稳定工作、抱着铁饭碗的人也不甘于清贫，跃跃欲试，"下海"成了那个年代一种风靡全国的潮流，一批个体户、民营企业主、国企改革家、创业者、农村大包干承包者、边贸开拓者纷纷下海，成了那个时代的风流人物，他们或成功，或失败，或归于平淡，或异军突起。他们的经历，成为了那段伟大历史的生动纪录。1992年邓小平南方讲话之后，国务院修改和废止了400多份约束经商的文件，大批公务员和知识分子投身于私营工商界，真可谓"八仙过海，各显神通"。

恰逢其时，1988年，就在鲁加升荣升不久，在陕西省外贸公司工作的妻子偶然获得了一个可以去厦门工作的机会，由于外贸工作的工作性质，妻子对商业的敏感度比鲁加升有过之而无不及，她认为这是一个难得的契机，她把这一消息告诉鲁加升，两人就此进行了一番艰苦而周密的论证。一个严峻的问题摆在了他们面前：妻子如果去了厦门，就意味着他们要开启遥遥无期的两地分居生活，未来的路究竟要怎么走？能不能顺畅？这都是无法预见的难题，更重要的是，妻子一去，照顾女儿的责任就要落到鲁加升身上，而刚刚当了处长的鲁加升又整日浸泡在繁忙的工作中，首尾不能相顾，该怎么办？尽管鲁加升一直渴望着某种突变，但当这种变化突然而至的时候，他还是犹豫和纠结了——自己在现有的工作岗位上顺风顺水且小有成就，真的要放弃现在有的一切重新开始吗？鲁加升陷入了沉思。

　　那时候，以深圳、厦门为代表的经济特区，在自由贸易的试验中，把战略目标和发展重点放在工业化的加速推进上，大力引进外资，发展外向型经济，构筑以工业为主，发展生产型、技术型、出口创汇型企业的"一主三型"的现代化产业体系，经过短短几年的蓬勃发展，它们成为全国经济的领头羊，一大批富有理想的热血青年纷纷南下，投身其中。一时之间，经济特区成为内地人心中的掘金圣地。

　　而事实上，早在1984年，鲁加升刚刚留校的时候，西工大为了创收，早就在厦门成立了"厦门东方科技开发公司"，作为学校的附属企业，专卖学校的高科技产品。鲁加升通过在厦门东方科技开发公司的同事早就对厦门有所关注，再加之，他一直关注着潘懋元先生，所以，在那时候的西工大教职工中，除了在厦门工作的同事外，鲁加升是最早熟悉厦门特区的人，厦门也是他心中的向往之地。

　　在经过一番激烈的内心斗争和与妻子的论辩后，鲁加升最终赞同了妻子前往特区外贸公司工作的决定。他心中那种挑战自我的激情战胜了安逸的平庸。他觉得只有"闯出去"，天空才能更加宽广。而他也明白，妻子这一去，他的人生航向也将跟着发生急转。

　　妻子走后，鲁加升的生活如他预期的那样出现了困顿，他一面要全力以赴做好学校的工作，一面还要照顾女儿，同时还要为远在厦门的妻子担心，好在那时候家里安装了电话，他与妻子的通信也方便了些。一直以来，鲁加升都把外出继续深造学习看作是人生的一件大事，但因为工作关系，他只能眼睁睁地看着别人一个个出去，这也给他造成了很大的苦恼。

　　随着妻子在厦门站稳了脚跟，鲁加升之前在学校干到退休的心思也跟着起了变化。在与妻子的每次通话中，鲁加升明显感到了妻子在厦门如鱼得水，他利用假期也去了几次厦门，觉得这个新兴的城市，虽然与古城西安相比，历史文化轻浅一些，但到处充满了活力，到处有着内地人无法想象的机遇，它以蓬勃昂扬的姿态感召着鲁加升。

　　1987年7月，根据鲁加升的申请和厦门东方科技开发公司工作需要，学校派鲁加升前往厦门，鲁加升从此开启了人生的新一轮奋斗历程。

　　人的选择有两种：一种是"你选择"，另一种是"你被选择"。严格来说，鲁加升的这一次选择应该是"被选择"：如果妻子不去厦门，他也不会这样轻易迈出这决定人生命运的一步——当然，此时，他并不知道这一去他将再难回到西工大；而"被选择"之后，"你选择"仍然是一个决定性要素，优秀的人并不相信"被命运裹挟"的常理，他们的命运始终攥在自己手里，在奔跑的路上，有人说梦想的翅膀很重，任凭自己怎么努力也飞不起来。而年轻的鲁加升坚信，只要拼搏向上，再重的翅膀也有飞起的一天。

多年后，鲁加升回忆往昔，对前往厦门的缘由总会淡然一笑说："为了爱情。"而事实上，肯定还有他内心里长期燃烧着的烈焰一般的梦想。此时的他，身上背负了太多的希望。

1989 年 7 月，28 岁的鲁加升以西工大处级干部的身份入职厦门东方科技开发公司。一家人得以在厦门团聚。

6 年时间的学校行政工作，尽管鲁加升时常关注市场，但一旦真正成为市场的一员，就必须对市场行情熟练掌握，鲁加升放低身段，决定从业务经理做起。在外人看来，业务经理应该是和处长一个级别的职位，可实际上，当时公司共有 6 个人，除了负责人外，其他人都是业务经理，也就是说，年轻的处长此时正式成为一名推销员。这种身份的巨大转变和落差，让鲁加升在最初的几个月里极不适应，他发现，早先走马观花式对厦门的了解完全浮于表面，一旦要融入其中开疆辟土的时候，他才意识到，理想与现实并不一致——寸金寸土并不意味着金钱就可以随意入囊，相反，在人潮涌动的经济特区，要想有所突破和发展，就必须有非同常人的见识和才智，否则，很快就会被汹涌的波涛冲击得折戟成沙，成功和失败就像一个硬币的正反两面，机会在每个人面前都是公平的。既来之则安之，虽然鲁加升在那些日子里无比怀念西工大的生活，但不服输的性格决定了他必须在厦门做出一番成就。

鲁加升推销的第一个产品是西工大自主研发制造的火焰切割机，这是一种根据火箭原理制造、主要用于石材开采的切割设备。纵然鲁加升初次进入这个行业，但他毫不怯场，在业务洽谈中，他大胆严谨而又逻辑清晰，常常在亲切轻松的气氛中进行。他加入东方科技公司后，公司一改往日的死气沉沉，业绩在短短几个月内就有了上升。半年后，鲁加升凭着优异的业绩，升任公司副总经理。上任后，他力行改革，为了让公司尽快发展，他主张不但要销售西工大的自主产品，还可以增加其他外围门类的业务，"哪个赚钱就做哪个"。他的这一建议立即得到了大家的认可。随后，他们主推的心脏功能自动检测仪得到市场的认可，公司业绩得到了大幅度增长。

鲁加升在东方科技公司的试水，将他深埋起来的商业才能迅速开发了出来。他发现，只要有心思，就有赚钱的门路。厦门的高节奏生活模式，让他意识到，只有迅速地进行个人资本的原始积累，才能为日后的发展奠定基础。那时候，全国性的下海热潮，让在体制内工作的人思路广开，通过合法渠道赚钱已不是怀抱琵琶半遮面的羞涩之事，反之，是一个人能力和价值的体现，在这一开放式政策的指导下，在大学期间就已经有商业体验的鲁加升此时更是如鱼得水。那时候，因为要时常回西安出差，就有人找鲁加升带些特区的好东西与他们分享，鲁加升发现在特区能买到的香烟，尤其是国外的香烟，在西安根本找不到，即使偶尔有，也是价高得惊人。不抽烟的鲁加升得知每个人最多能带 5 条烟上飞机，但托运的行李除外，于是，他每次回西安，都自己随身拿 5 条，行李托运 5 条，10 条烟一回去就被人抢空，这样他就可以赚到来回的机票钱。诸如此类能够带上飞机的东西还有很多，而且深受内地人的喜欢，鲁加升由此看到了特区和内地的差距，这为他后来的创业埋下了伏笔。

然而，在东方科技公司的工作给鲁加升带来了两个困扰。一个是企业的自由度不够：东方科技公司虽然置身于特区厦门，但性质还是属于西工大的外派部门，也就是说公司的财务和调度受西工大的严格管理，而西工大远在内地，学校对厦门的市场不熟悉，这样就存在管理和运营不能完全统一的尴尬；另外，厦门东方科技公司仍然以西工大的自主产品为经营主体，受众面窄，公司不能完全市场化，发展受局限，这让鲁加升的雄心无法施展。另一个困扰是落户问题，这也是最主要的问题：在全家搬至厦门后，鲁加升与妻子商量决定要留在厦门发展生活，但如果长期呆在东方科技公司，他的户口就无法从西安转到厦门来。

这时候，由于业务上的往来，鲁加升认识了中国航空技术进出口公司厦门公司的老总，他原是鲁加升西工大的校友。中国航空技术进出口公司是央企，在性质上仍然是体制内企业。这位校友十分赏识鲁加升的业务能力和对市场的敏锐感知，诚意邀请鲁加升加入他的团队，并承诺可以为他解决在厦门的户口问题。

机会来了，走还是不走？这又是一个难题：不走，他仍然是西工大的一员，只不过属于来厦门的外派人员，对他们已经举家搬迁至厦门的未来生活而言，将会带来诸多不便；走，就意味着他要彻底与自己奋斗了 10 年的西工大诀别，与自己头顶的荣誉光环诀别，虽然未来可期，但长路未知！

站在人生的十字路口，鲁加升还是犹豫了。对于一个政治前途无量的29 岁的年轻人来说，放弃就意味着要从头开始，一切归零，需要太大的勇气。在将近一个月的时间里，鲁加升被这个问题缠绕着，没有人能听他诉说，没有人能给他相对中立的意见，没有人能从他内心的困扰出发与他商榷，包括妻子。这又是一次需要自己选择的"被选择"，这个艰难抉择，答案只能由他来书写。

最终，他还是决定放弃那束缚着自己的光环，遵从自己真实的内心，去追逐远方的美景，去追逐那渐次在海平面升起的芬芳的阳光。这时候，他从西安到厦门刚刚工作了十个月。

回西工大办了离职手续，走之前，学校党委书记请鲁加升到家里做客，亲自下厨做了一顿丰盛的晚餐为他送行。老书记在鲁加升做学生的时候就对他十分关注，也力挺他留校工作，之后更是力荐他到东方科技公司，是鲁加升在西工大的贵人之一。这次临别，鲁加升与老书记促膝长谈，他们都知道，此一去便是天各一方，相见再难，鲁加升将自己做出这个艰难决定的苦闷告诉了老书记，他原以为老书记会因此而责备他，却没想到老书记十分理解他。老书记说："人的生命总结起来可以用三个维度来衡量，那就是长度、宽度和深度。长度，指一个人的寿命，身体是革命的本钱，我们除了保持良好的生活习惯和健身习惯，其他再也无法把控。而宽度和深度才至关重要，宽度决定了人生的丰富性，有的人活了一辈子，其实只活过一天，既然我们幸运地来到这世间，又恰逢改革开放这样的大好机遇，我们就要去多尝试，多体验，多突破自己，这样才不枉来这世上走一回。而深度是指对自己、生活、世界以及人际关系的认知，在于你是否乐于思考，是否对自己做过审视，你到底想要什么？什么样的人生才是你应该争取的？想明白这两个问题，人才是一个立体的人，而不至于碌碌无为。"

老书记的一番话，让在西工大学习和工作了十年的鲁加升豁然开朗，心中如拨云见日，于是，他放下了已经笼罩于他周身，令他荣耀而又束缚着他的种种条条框框，像十年前来西工大上学时那样，一身轻松而又满怀激情地离开了他生活了十年的古城西安，离开了他深爱着的西北工业大学。

4. 确立人生的航向

中国航空技术进出口公司，是国家航空工业部的下属公司，是以航空产品与技术进出口为核心业务的综合性大型国有企业，总部设在北京，旗下有10多个专业公司和地区公司，并有数十个驻外机构。厦门分公司当时名为厦门工贸中心（即现在的中航国际）。

鲁加升进入中国航空技术进出口公司厦门分公司后，成为党群工作部的一名一般工作人员，户口问题如期解决。党群工作部属于处级单位，主要与厦门市委组织部、宣传部等机构对接，鲁加升在此期间还兼任了厦门市思想政治工作研究会、职工思想政治工作研究会副秘书长，工作轻松而单调。像所有政府机构的普通干部一样，鲁加升在这个人人羡慕的央企每天按部就班，朝九晚五，除了完成一些上级安排的固定工作之外，他的时间变得充裕起来，一下子成了一个"闲人"。外面的世界异常精彩繁华，不甘平庸的人们整日在商海中奋勇搏击，厦门日新月异变化让鲁加升又一次陷入了儿时那种久违的孤独之中，不出三个月，他便为自己隐隐担忧起来——他一眼就看穿了自己往后数十年的生活——这与他大学毕业，刚进入西工大上班的时候多么相像啊，鲁加升惊讶地发现，他经历了两次艰难的"选择"，竟然又回到了起点，这难道就是自己想要的生活吗？他不由得懊悔焦虑起来。

轻松的工作氛围让鲁加升有了从容思考的时间，未来要干什么？怎么干？这个问题一直在他耳边萦绕。两条路摆在了鲁加升面前：一条是利用这段空闲时间，继续求学，把在西工大未能完成的学业梦想重新捡起来；另一条是投身于商海，找到适合自己发展的商业路径。

由于对继续求学初心的渴望，鲁加升一直对潘懋元先生持续关注，这期间，他作为西工大代表参加了 1989 年 10 月 18 日由潘懋元先生主办的全国校际高教研究所（室）工作讨论会，集中阅读了潘懋元出版于 1983 年的《高等教育学讲座》和 1986 年西工大分发给中层干部的、出版于 1984 年的《高等教育学》两部专著。《高等教育学》是《高等教育学讲座》的延续和深化，《高等教育学》是中国第一部高等教育学著作，它的诞生为中国高等教育学学科的建立奠定了坚实的基础，标志着一门新学科就此诞生。1986 年，厦门大学获批成立了中国第一个高等教育学博士点，潘懋元成为中国第一位高等教育学科的博士生导师。1988 年，经原国家教委批准，以潘懋元为学科带头人的厦门大学高教所成为高等教育学领域唯一的全国重点学科点。高等教育学的迅速确立和发展，让鲁加升深为震撼，他发现，在改革开放的大潮中，全国百花齐放，不但商品经济激流勇进，其他各行各业也势如破竹，奇迹一个又一个随之诞生。怀着对潘懋元先生的敬爱之情和对厦门大学的心之向往，鲁加升多次深入厦门大学和集美学村。在与大学生和大学老师的交谈中，他看到了与西工大完全不一样的大学氛围——改革创新已经深入了厦门的每一个角落，特区的大学也如经济一样，以一种"敢为天下先"的果断和勇气开拓改革，领跑全国。但鲁加升发现，公办高校已经无法满足于迅猛发展的经济所需要的实用人才——他从自己身上看到了这种弊端——以他所学的专业为例，本科毕业其实是对专业浅尝辄止，要想在这一行业有所建树，只有通过研究生，甚至博士生学习才能达到，而当时的硕士点和博士点建设才刚刚处于萌发阶段，难以满足众多学子对继续深造的渴望。厦门作为经济特区，需要各行各业的专业人才来助推经济发展，而普通公办高校的毕业生毕业后，仍然需要通过专业的培训才能适应行业发展。对厦门来说，"特区经济实用型人才"才是厦门发展最迫切需要的人才力量。

其后，由于工作需要，鲁加升多次组织参与了厦门市的企业职工培训，他与自己的所思所想结合起来，就产生了一个念头：与其让自己再继续深造学习，不如带领更多的人成为"特区经济实用型人才"，这必将会为特区的飞速发展注入新的血液。这时候，全国范围内的行业精英人才培训班也已经暂露头角，这将是一片广阔而未及开拓的崭新领域。有一次，他在陈嘉庚的塑像前，就像受到了神启，突然有一个想法：何不索性自己办一所大学，就像先生一样，做一个改革的践行者。他被自己的这个想法吓了一跳，在当时，这无异于异想天开，但这一道闪电一旦划破天空，就必然会给大地留下一道深刻的印记。

人生的目标确立了，他为之振奋，摆在他面前的两条路合二为一：要实现理想，就得有雄厚的经济基础做支撑，所以，赚钱就成了他此刻必须做的事。

心中有了宏伟的念头，便什么也不顾及了。在中国航空技术进出口厦门公司的两年多时间里，鲁加升一边认认真真地上班，一边琢磨创业，其间他做过不少生意，有的是为了尝试，有的是为了赚钱，而有的也纯属于为朋友帮忙，广交人脉，虽没赚到什么大钱，却也时常有些闲钱入囊，做生意的门道也慢慢摸清了。

1992 年初，鲁加升经大学同学鲁政介绍，与国家科委厦门技术创新联合公司总经理相识，总经理大鲁加升一岁，两人年纪相仿，甚是投缘，在得知鲁加升的境况后，便力劝鲁加升到创新公司来。此时的鲁加升早已一改往日的窘迫，虽然任工程师，但他还是觉得工作乏味而无趣，便"主动选择"，欣然受邀。5 月，鲁加升进入厦门技术创新联合公司任总经理办公室主任（总经理助理），两个高学历、充满朝气的年轻人在一起，工作自是顺心而积极向上。不久，鲁加升又任发展部经理，兼任万大实业联合公司副董事长。

在有了原始积累后，鲁加升便开始为家庭着想：弟弟妹妹们一个个都成年了，该成家的成家了，该工作的工作了，二弟弟鲁加超也如愿考上了大学，但除了大弟弟鲁加坤从部队复员后有了一份正式工作，其他人都发展得并不很理想，鲁加升便想着让他们都到厦门来寻求新的机遇。他想的是："兄弟同心，其利断金。"

1992 年，鲁加升与小弟弟鲁波在厦门市政府边上开了一家小酒楼，然而生意并不像之前预设的那样红火，不温不火地持续了一段时间，便只好关门了。1993 年，鲁加升又帮助大妹妹鲁桂英在厦门商业城开了一家服装店，但很快就因为亏本也不得不回了老家。1994 年，鲁加升与小舅子合开了一家贸易有限公司。还与台湾人合开了"泡沫红茶"特色快餐店，台湾人投资，但后来还是因为亏本而不了了之。尽管这些项目都没有大的起色，甚至还亏了钱，但鲁加升因此而积累了丰富的商业经验，这为他日后自己创业奠定了基础。

1994 年秋，鲁加升又兼任厦门技术创新联合公司旗下厦门万国投资贸易资讯有限公司执行董事、总经理。他用了短短 5 年时间，就从一个普通职员上升到了公司的一把手，这与他在西工大的工作历程大体相似。然而，人生不如意事常有八九，他没有想到，命运之神会在这时候将他拽入了人生的低谷。

1995 年初，鲁加升在万国公司全面拓展业务，由于投资公司的自由度相对宽松，鲁加升以他敏锐的市场嗅觉和严谨高效的执行力使公司经营力得到了迅猛提升。但就在他全身心投入到工作中废寝忘食的时候，那蛰伏于身体之内的肾炎旧疾再次发作，他不得不停下工作第三次进入医院。

疾病给鲁加升带来了身体的痛苦，但每一次住院治疗，他都不虚度光阴。在整整一个月的住院期间，鲁加升在医院思考总结，"经济特区实用型人才"的培训计划再次清晰地跳了出来，鲁加升在对万国公司做了分析后，便思考万国可不可以做人才培训？于是，他便在北京中日友好医院的病床上起草了"特区实用人才培训学院"可行性报告，心想等出院后就可以大展拳脚。

这时候，他发现自己的婚姻也出现了巨大的裂隙，两个都十分看重事业发展的人越走越远，在鲁加升身体恢复健康后，他们心平气和地在离婚协议书上签了字。

福不双至，祸不单行，在疾病与婚姻的双重打击下，鲁加升根本来不及对他起草的"特区实用人才培训学院"可行性报告进行论证和实施。

同时，在单位，鲁加升因受人诬告而对工作心灰意冷。1996 年初，鲁加升毅然再次下海，彻底结束了他体制内工作生涯，成了一个自由创业者。

辞职就意味着一切都得从头再来。1996 年初，35 岁的鲁加升在经历了年轻的繁华和挫败后，陷入了人生的低谷，而雪上加霜的是，在他辞职之前，他将自己的大部分积蓄借给了一个朋友创业，但因朋友创业失败，他 7 年来积累的资金付之东流，从某种意义上来说，鲁加升在辞职时，将自己完全清零了。

一年多的变故太大，但鲁加升知道，在人生的重要关口，时间不允许他在无尽的颓丧中消耗自己，他必须奋勇抗争，中流击水，为寻找自己心中的灯塔而不懈向前。好在 7 年的国有企业工作经历令鲁加升在厦门商业圈拥有良好的口碑，在他茫然四顾的时候，好多朋友都纷纷向他伸出橄榄枝，有的邀他到自己的公司担任总经理，有的找他合作创业，让他出任董事长，这让"一无所有"的鲁加升发现，他当下的处境原来没有自己想象的那样糟糕。

在长达 7 年的国企工作经历中，鲁加升做过业务经理，也做过公司总经理，在低处，他熟悉市场规律；在高处，他谙熟企业规划，他早已把自己变成了一个地地道道的厦门人，也完成了一个由高校处级干部到真正企业管理者的身份蜕变。

在经过一番思考后，鲁加升决定自主创业。这时候，他看到不断涌入的企业家和经济人才催生了厦门的全面发展，房地产行业正在迅速崛起，而建材市场恰恰是一个缺口，尤其是高档进口石材等建筑材料更是一种稀缺资源，鲁加升在对市场做了深入调查后，发现石材进口不但有广阔的市场前景，而且投入少、回报快、风险小。唯一艰难的是前期市场营销和信用证的开具，一旦做好品牌推广，就能在短期内回笼资金。曾经在东方科技公司做过推销员的鲁加升，对产品推销并不惧怕，他说："只要能放下身段，有产品质量做保证，就不愁吃不到饭。"于是，鲁加升就和一个之前愿意与他合作的国企朋友联合成立了"厦门天巢建材发展有限公司"，主营进口石材和建材业务。

1982 年，鲁加升（右一）与同学在西工大门口合影

1983 年 4 月，鲁加升在庐山实习

1983 年 11 月，鲁加升随陕西团省委大西北考察团在甘肃戈壁滩

鲁加升在西工大校园

第三章 筹建厦门南洋学院

3

1.　与时间赛跑

"任何看起来简单的事，做起来反而更难，不然也不会存在市场空间。"鲁加升每天背着一包进口石材的样品，在厦门到处上门推销。然而，他对市场的估计与现实相比还是存在极大的差异，客户虽然对产品赞不绝口，但因为进口石材价格昂贵，对在厦门拼搏的普通人来说，还是无法接受。在风雨无阻的一个月推销后，鲁加升谈了几十家企业和个人，业绩仍然不佳，就在他快灰心丧气的时候，一个偶然的机会，他认识了一个内地城市的老板，此人对鲁加升的产品颇感兴趣，他说这种石材在内地几乎见不到，而内地越来越多的有钱人对生活品质的要求也越来越高了，他认为这种高档石材在内地一定会有市场。几天后，这位内地老板成了鲁加升的第一个客户，鲁加升以每平方米三四百元的价格卖出去，内地老板又以每平方米1000多元的价格卖给他的客户。鲁加升这才将推销的主要方向放在了内地的城市，按成本和时间运算，只要一个月能成交两单，他就完全可以将这门生意继续做下去。

从此，鲁加升开始了遍及全国的推销人生，他自嘲为"推销员鲁加升"。鲁加升说："成大事者不拘小节，在不同的工作岗位上，要对自己有重新的定位，任何大事都是从小事干起来的。自暴自弃、自怨自艾都毫无用处，只有调整自己的心态，摆正自己的身份和位置，从零做起，从小事做起，尽自己最大的努力将眼下的工作做好，才是对自己生命中所经历的那个部分最好的交代。"鲁加升以自己的所思所想付诸行动，开始攀登高峰，攻克难关。

他迅速锁定了进口石材的客户：内地的高端场所和高收入者。第一站他仍然选择了他熟悉的西安作为突破口，在生意逐渐有了起色后，当朋友们问他营销的策略时，鲁加升说："做西安市场的朋友。"朋友们都为之诧异，鲁加升一笑了之，但鲁加升没有告诉任何人，在说出这个话之前，他已经走过福州、南京、郑州、兰州、成都、重庆、南昌、洛阳、宝鸡……他背着多种进口石材的样品，一个一个城市奔波。当然，人生不如意事十之八九，有时候，他在一个城市呆上十天半个月，也谈不来一单生意，但鲁加升凭着个人的诚信，倒是因此结交了不少志同道合的朋友。

干一行就得爱一行，鲁加升对进口石材的名称、产地、结构、质地、色泽、性能、特点、维护等都了如指掌，及至多年后，他仍然能对石材特性脱口而出。他说："只有你成竹在胸，客户才能对你产生信任感。"

在石材生意进入正轨后，鲁加升便又和朋友合作做过多个公司，担任过"厦门肯德电子有限公司""厦门欧宝贸易有限公司"等董事长。

这时候，鲁加升仿佛又回到了当初在西工大东方科技公司的工作和生活模式，就像绕了一大圈，又回到了初到厦门的起点。"然而，人生所必要经历的，在你真正经历了之后，即使回到原点，那心里的境况自是与之前大不相同，那些你看不见、摸不着的财富其实比金钱更重要。"他不再受制于人，不再掣肘于任何死板的约束，在自己微小的天地里，他慢慢变得强大起来。

时不我待，与时间赛跑是鲁加升自主创业后最为切身的感受之一，在高速运转的商海中，他从容而又不放松自己，多管齐下成了一种必要的生存手段。此后，他还成立了天舒家政服务有限公司等多家公司，拓展经营的门路，拓宽自己的视野。4年时间，鲁加升迅速完成了不算太大的资本原始积累。

2. 重拾办学梦想

人生有两种光最为耀眼：一种是太阳的万丈光芒，另一种便是你努力的样子。奋斗可以改变一个人的生命轨迹，而优秀者的志向只会在奋斗中被磨砺发亮，并不会因金钱带来的成功而左右摇摆。

对鲁加升来说，不论是当初的体制内经营，还是后来的自主创业，即使他在病床上或者人生的低谷，他当年感知的耀眼之光一旦在他的内心埋下种子，便会默默生根发芽——他对"特区实用人才培训学院"的想法一直没有放弃。相反，在他驰骋于商场的时候，在经见了"实用型人才的匮乏远远不能满足于特区经济发展需要"这一矛盾的每时每刻，他内心的热潮都会随之波荡，有时他会和多年的好友张宏讨论到深夜。"不仅要做一个对自己、对家庭有用的人，更要做一个对社会有用的人，对特区经济发展和改革有用的人。"鲁加升对自己人生价值的新看法，随着创业初有成效，逐渐形成了，他认为，要给"勇敢者提供一个平台，要给农村和小城镇一时失意的广大青年学子创造一个实现理想的机会"。

1998年，世界历史上出现了两件与水有关的重大事件。3月6日，美国国家航空航天局宣布，美国于1月6日发射的月球"探测者号"发现，在月球两极陨石坑内有以冰的形式存在的水，总储量可能达10亿～100亿吨。这为实现永久性月球基地建设的设想创造了极为有利的条件。对自己所学专业和航空科技从未松懈过的鲁加升得知这一消息，无比振奋，从而在往后的工作之余，更加关注中国的航空航天事业。而在这一年的7月至9月，中国长江及淮河流域发生特大水灾，全国人民心系灾区，对抗洪抢险工作给予无限关心和支持，生意略有起色的鲁加升，一面联系身陷灾区的客户，对他们提供帮助和关心，减免业务尾款；另一面率先在自己的业务圈里为灾区募捐，他的公益之心和仁爱品质受到朋友和同行的高度赞誉，"做鲁加升的朋友"成了熟悉他的人引以为豪的体面之事。

1998年9月15日，原浙江大学、杭州大学、浙江农业大学、浙江医科大学4校合并组建新的浙江大学，浙大从此由工科大学转变为综合性大学，学科门类齐全，拥有除军事指挥类之外的所有专业。合并后，在中国内地的大学排名中，浙大的名次迅速上升，仅次于北大、清华。因着这一事件的影响，鲁加升放缓了"特区实用人才培训学院"的实际操作，他开始重新审视他多年前起草的另一可行性报告。

其时，厦门各级各类的培训学校早已在特区大地上蔚然成风，尽管鱼龙混杂，此起彼伏，缺乏持续发展的能力，却不是三年前的凤毛麟角，而鲁加升之前一直酝酿于内心的"特区实用人才培训学院"模式很显然已经失去了先行者的优势，如果再行实施，难免步他人后尘，落于窠臼。那么就该求变——按鲁加升之前的想法，在各种条件不成熟，尤其是经济基础薄弱的情况下，他计划分两步走来完成自己的目标，即先成立"特区实用人才培训学院"，做技术性培训，主要对象为成人和农民工，然后再由此扩充实力，创办真正的民办高校。但现在，这第一步已经错过了天时地利，唯有跨越式发展——直接成立民办高校，与众多平庸的培训学校区别开来，形成自己的特色和优势，着眼全国，甚至国际，走引领与创新之路，才能在经济特区——厦门站稳脚跟。

3. 民办高校的春天

毋庸置疑，办学这条路要想走得更远，就得让别人跟着自己跑。自此，鲁加升开始对民办高校进行调查研究，在生源和就业两个端点做了详细的深入分析和跟踪，对全国几家民办高校进行调查和访问，他发现，在厦门创办高校，最大的优点便是能够借助经济特区这个平台，有效解决学生的就业问题，而这对于内地民办高校来说是一个难点，另一个问题便是生源，鲁加升从进口石材的推销中得到启发：只有让自己焕发光彩，才能吸引众多的求学者纷至沓来。他想到了前期工作的艰难，但他仍然觉得大有可为。

事实上，由于鲁加升常年对中国高等教育的关注，他对中国高等教育改革的分析是精准而贴切的。从 20 世纪 90 年代初，随着改革开放和市场经济的不断深入推进，大规模的国企改制和政府机构的精简人员政策的实施，导致国企和政府不可能像之前那样大规模接收大学生，于是，1996 年后，国家开始了双向选择、自主择业的试点，到 1998 年大学生由国家分配工作的制度基本取消，当年 70% 以上的大学毕业生是自主择业的。这就意味着公办高校和民办高校有了同等被认可的身份。民办高校的春天由此开启。

在经济方面，由于中国经济过热，通货膨胀率极高，国家开始对过热的经济进行降温——经济软着陆。通过 1993—1996 年国民经济"软着陆"的调控，通货膨胀率成功地从 1994 年的 24.1% 下降到 1996 年的 8.3%，与此同时，经济增速也大大放缓，国内需求疲软。1998 年 11 月，经济学家汤敏以个人名义向中央提交了一份《关于启动中国经济有效途径——扩大招生量一倍》的建议书，建议中央扩大高校招生数量。汤敏指出：高等教育的普及事关中华民族振兴大业；教育作为老百姓最大的需求，扩招可以拉动内需，刺激经济增长。而当时中国大学生数量远低于同等发展水平的国家；如果不进行高校扩招，大量下岗工人进入就业市场与年轻人竞争，就业形势更加紧张。汤敏的建议被中央采纳之后，中央很快制定了以"拉动内需、刺激消费、促进经济增长、缓解就业压力"为目标的高校扩招计划。1999年，全国高校试点扩大招生规模——在1999年之前，高校扩招年均增长只在8.5%左右，数以百万计的高中毕业生没有上大学的机会，而1999年，当年招生人数增加51.32万人，招生总数达159.68万人，增长速度达到史无前例的47.4%。国家改革的信号释放出来，高等教育迎来了一个崭新的时代……

　　尽管此时，鲁加升尚没有完成创办一所民办高校所需的资金积累，但他认为必须紧紧抓住这一历史机遇——上天的恩赐稍纵即逝，唯有奋力一搏，才能实现理想。此时，他便不再犹豫，毅然地迈出了那筹谋多年但并不轻松的一步。

4. 筹备厦门南洋学院

孔子在《论语·里仁》中说："君子喻于义，小人喻于利。"意思是君子持道义修身平天下，而小人却向来唯利是图。鲁加升在商海沉浮多年，他谨遵"万事莫贵于义"的墨子之说，以"兼相爱，交相利"的君子大义坦诚地对待每一个人，他认为人活着并不能以拥有财富的多少来衡量其价值，也不能以金钱的得失来判断一个人的成功或失败。他以宽阔的胸怀接纳朋友，以仁爱感动他人。即使是那些伤害过他的人，他也一一原谅，他并不把时间和精力放在与见利忘义之人的纠缠上，他说："与其去憎恨，倒不如去感化。"因而，他的朋友们都愿意相信他——相信他的智慧，相信他的善良，相信他的宽容之心，而后来者也愿意与他一起，追逐梦想。

1999 年秋，鲁加升将自己酝酿多年的"创办一所不一样的大学"的设想与好友张宏商量，张宏是鲁加升最为要好的朋友之一，既是西工大的校友（张宏比鲁加升迟一年毕业于西北工业大学航天系），又是曾经在西工大团委时的同事，鲁加升初到厦门技术创新联合公司时，张宏还在万国公司，和鲁加升同在厦门湖光大厦 18 楼上班，两人时常促膝常谈，关系甚密。张宏极具国际视野，做事高瞻远瞩，思想理念超前，他认为办学一事的可操作性很强，他表示当竭尽全力给予支持，这让鲁加升信心大增。

然而，现实的问题还是摆在了鲁加升面前——此时鲁加升的全部资金只有 30 万元，这在很多人看来，要想创办一所引领全国的民办大学，无异于痴人说梦、异想天开。鲁加升深知，现在已经到了不得不为的紧要时刻，唯有四两拨千斤，"兼相爱，交相利"，邀请有识之士，共襄盛举，才能撬动这块盘踞于他心中日久的巨石——而他明显感觉到这块巨石已经开始松动了。

随后，鲁加升利用业余时间，对之前的可行性报告作了重大调整与修改，同时又积极寻找理想的创校支持者与合作人。第一个参与进来的人是原在厦门政府部门工作的潘恒曦。潘恒曦与鲁加升是西工大的校友，他研究生毕业后来厦门工作，是鲁加升的知己好友，鲁加升酝酿办学之初，就和潘恒曦做过探讨，潘恒曦对这一项目的前景十分看好，也对此事充满了极大的热情。当鲁加升将办学付诸行动之时，他率先参与进来，成为鲁加升在创校之初最为得力的帮手和助推者。第二个参与进来的人是曾与鲁加升一起在肯德电子有限公司工作的好友向南。基于多年的合作共处，向南对鲁加升无比信任，也相信他有成大事的能力，他立即同意在肯德公司腾出一间办公室来作为创校筹备委员会专用办公室。

1999 年 11 月 1 日，"厦门南洋学院"筹建处正式在厦门凌志大厦 9 层 B 座挂牌启动。

项目定下来了，牌子也竖起来了，鲁加升开始全身心投入到学校的创办工作中来，他一面与厦门市教育局和福建省教育厅联系对接申报建校所需的各种材料，一面寻找志同道合的合伙人并筹措资金。他又回到了当初做石材生意时当业务员的那种紧张而又忙碌的生活状态中来，每天天还未亮就动身，有时候一天只吃一顿饭，披星戴月，晚上到了家还要加班梳理材料和准备第二天的行程，常常工作到深夜。

那段时间他时常失眠，38 岁的鲁加升站在人生新的起点上，年龄已不允许他可以像 30 岁之前那样接受失败之锤的锻打——在经历了多次的人生沉浮后，他已经变得更加沉稳而睿智，他几乎是孤注一掷，他那么相信自己所选的道路，所以他不允许自己有任何闪失。他将全部的精力和时间都放在为今天奋力一搏的储备上，他无暇驻足观望，也没有勇气放慢奔跑前行的脚步。

鲁加升一个接一个地拜访了他熟悉和了解的有识之士，甚至找到了许多身在国外的企业家和学者精英，他们一开始都对鲁加升的项目和方案颇感兴趣，但在真正接触后，他们还是犹豫了，这当然与他们所在的行业和投资兴趣有关，同时也与很多人的眼界和胆识有关，对这样一个新生的宏大的事业，一些"功成名就"的社会精英内心仍然持有疑虑，他们虽然认可鲁加升所描述的发展前景，但很多人还是考虑到利益最大化，对这种偏重于"公益性"的项目深为担忧，"投资多而见效慢"并不是商人们所喜欢的经商之道，有人甚至认为鲁加升的这种社会责任感和儒家情怀早已与飞速发展的经济社会脱节，他们说这是一个理想的精神世界而不是一个现实的经济世界。鲁加升承认他们所言并非全无道理，但他始终坚信，一个成功的企业家一定要有强烈的社会责任感，只有心存社会，给那些弱小者和失落者予以关爱和帮助，一个企业才能有可持续发展的动力，如果仅仅是为了赚钱，那么一个企业的格局就会变得狭隘而无法做大做强。"这个社会有很多人做事并不是为了赚钱，但社会需要这样的人，他们的存在使这个社会更加美好。"他说。

然而，还是会有人成为第一个吃螃蟹的人，这个人就是南洋学院的创校校董之一、比鲁加升大一岁的青年女企业家赵小玲女士。赵小玲早年在西安一所中专当讲师，后来因为丈夫博士毕业来厦门发展，便随丈夫一起举家来厦门，彼时在厦门一家银行任职，她在和鲁加升深入交谈后，十分认可鲁加升的项目，并对鲁加升的办学理念和发展规划很是赞同，再加之早年的教师生涯让她对教育事业心怀不舍，于是，她立即答应投资7.5万元。紧接着又有厦门青年国际合作交流中心的林志民及时跟进。林志民比鲁加升小两岁，早先在中央人民广播电台担任高级编辑，在记者圈颇有名气，彼时在厦门青年旅行社工作。赵、林二人的加入，让鲁加升彻底消除了筹备之初的后顾之忧。于是，鲁加升便立即与潘恒曦、向南二人商议，决定启动实施创校事宜，潘、向二人立即加入，成为创校校董，尤其是潘恒曦，拿出了10万元入股，他说："既然是我们共同的事业，那就要全力以赴。"至此，创校由筹划进入到了实际操作阶段，他们一面整合资金，一面寻找最佳的合作人，一面开始寻找校舍。商议决定要在新世纪之初的9月如期开学。

万事开头难，"破局"之后，想参与进来的人也随之多了起来，这时候鲁加升觉得，既然要办一所"不一样的大学"和"厦门真正的第一家由个人创办的民办高校"，要"引领全国民办高等教育事业"，那就得有一个"高起点"的精英团队，用精英团队的智慧作为建校的根本支撑，"博采众家之长"，逐步建立健全学校的发展机制，打造学校与众不同的特色亮点，以团队的影响力作为学校的金字招牌。于是，在合作人的选择上，鲁加升由被动变为主动，由以投资为主转变了以考虑联合发起人影响力为主，他将目光更多地放在了厦门之外，尤其是在国际上颇有建树的企业家和学者——他此时就对南洋学院10年、20年后的发展目标做了详细规划，他觉得"引领国内，与国际接轨"才是他心目中真正的南洋学院的未来之态。

2000 年初，一份由 15 位热心祖国教育事业的海内外知名企业家和学者组成的厦门南洋学院创校校董名单形成了，校董们分别是——

鲁加升，男，39 岁，副教授，部级优秀教师，全国团十二大代表；

林志民，男，37 岁，高级编辑，原中央人民广播电台记者，青年企业家；

潘恒曦，男，34 岁，工程师，工学硕士，青年企业家；

赵小玲，女，40 岁，讲师，青年企业家；

向　南，男，37 岁，工程师，青年企业家；

张　宏，男，36 岁，副研究员，留法学者，青年企业家；

张　博，男，36 岁，律师，青年企业家；

黄沈滨，女，35 岁，经济师，留澳学者，青年企业家；

张少剑，男，38 岁，工学博士，留美、留新学者，美籍青年企业家；

李四海，男，37 岁，研究员，工学博士，留加学者；

董纯利，男，37 岁，工学硕士，留加学者，加拿大籍青年企业家；

曹树声，男，38 岁，工学博士，留美学者，美籍青年企业家；

鲁　政，男，37 岁，高级工程师，青年企业家；

叶军君，男，39 岁，高级工程师，工学博士；

谭春健，男，38 岁，工学博士，青年企业家。

——这份名单，汇集了国内外社会各界精英，成为南洋学院迅速创立的中流砥柱和智慧源泉。

福建省教育厅

闽教[2000]社办 24 号

关于同意举办民办厦门南洋专修学院的批复

厦门市教委:

你委《关于同意申报筹办民办厦门南洋专修学院的报告》收悉。经研究,同意举办民办厦门南洋专修学院,现将有关事宜通知如下:

1、民办厦门南洋专修学院属社会力量创办的高等非学历教育机构,设在厦门市。由鲁加升、厦门青年国际合作交流中心、潘恒曦、赵小玲、厦门肯德电子信息技术有限公司联合举办,由厦门市教委主管。学校实行董事会领导下的校长负责制。

2、你委应按照"积极鼓励、大力支持、正确引导、加强管理"的社会力量办学方针,加强对学校办学工作的指导和管理,确保学校健康发展。

3、你委应根据厦门市和我省经济建设、社会发展需要以及学校办学条件，确定学校专修生规模。专修专业的设置由学校自主确定。

4、厦门市委教育工委应根据国家有关规定，帮助学校建立党、团组织，并负责领导和管理。

5、学校应严格执行《社会力量办学条例》等国家法律、法规，认真贯彻教育方针，建立健全学校管理机构和管理制度，抓好师资队伍建设，积极筹措资金，增加投入，充实办学条件，保证教育教学质量。

福建省教育厅
二〇〇〇年九月六日

主题词：教育　社会办学　学院　批复

抄　送：省政府办公厅、厦门市政府

福建省教育厅关于同意举办民办厦门南洋专修学院的批复

第四章

艰难的初创阶段

4

1. 南洋之魂

　　由"特区实用人才培训学院"到"厦门南洋学院"，鲁加升足足用了整整5年的时间谋划筹措，这5年里，他既在商海中分秒必争地打拼，又在人潮涌动中独自沉思，仅仅从学校名字的变化中，我们就可以看出他在酝酿创校的过程中所经历的内心焦虑和心态变化——这是一个由小到大的渐变过程；是一个由局促到宏阔的蜕变之旅；是一个由方寸之间衍变为国际之大的格局升级；更是鲁加升心路历程的真正体现——我们可以从"南洋"二字体会到鲁加升对过去经历的怀念和对学校未来前景的展望。

　　在认真写下"南洋学院"四个大字的时候，鲁加升不由得长舒了一口气，就像那块积压于胸口的巨石被他一笔掀开，天地猛然间无限广阔，生气盎然了。

　　给学校取名为南洋学院，并不仅仅是为了好听，为了朗朗上口，也不是信口妙来的秒词佳句或是挖空心思翻故纸堆得来的，而是鲁加升经过漫长5年时间的积累、发酵而来的生命历程的浓缩。

　　鲁加升明白，"南洋"二字从这一刻起，将会与自己的生命慢慢融合在一起。若干年后，人们必定会在提到鲁加升的时候同时提起南洋学院，而在谈到南洋学院的时候，必定不能跳脱鲁加升来谈论南洋学院创办的意义。因而，在他看来，他即将创立的学校一定要包含那个时代的特殊印记，这不单是他一个人的事业，或者也不仅仅是15位创校董事的事业，而是要为厦门经济教育社会发展做见证，为中国高等教育改革提供可行性案例的一个样本——从一开始，他就对南洋学院赋予了超前而鲜明的社会意义，所以，在学校的命名上，他也是且行且想，且想且思。

那么，何为南洋？在中国历史上，"南洋"是明朝到民国的几百年时间里，中国人对东南亚较深区域及其水向型附近区域的一种特定称呼，主要包括南亚的斯里兰卡、马尔代夫、印度海岸和印尼东方的澳洲北部即巴布亚新几内亚、所罗门群岛以及菲律宾群岛以东的帕劳群岛等西太平洋群岛的广阔领域。早期，福建、广东一带的穷苦百姓为了养家糊口，因"经济压迫"而纷纷出洋，及至南洋在英国、荷兰殖民统治时期，南洋各国迅速开发，为了吸引华工，先后推出一系列优惠政策。比如可以为移民提供足够的免费土地和临时住房安置，免费供给大米和食盐一年；提供交通运输工具，建立警察局保护华人安全等，这种强大的政策吸引力，加速了闽粤地区的老百姓一次又一次、一批又一批地到南洋谋生，那些或躲避祸事，或为了改变个人或家族命运的年轻人便成了移民的主力军。"下南洋"在福建、广东的闽粤方言中被称为"过番"，与"闯关东""走西口"一样是中国近代史中人们为了谋生的一种迁徙。

厦门位于福建沿海，自古就是中国与外部世界交流的重要口岸，厦门人生活习惯和居住环境与南洋相似，再加之方便快捷，路途轻省，因而厦门人是下南洋的主力军，但下南洋者，无不是为了躲避灾祸或是为了生计而不得不为的普通人，他们被选择或携妻带子，或孤身一人，漂洋过海去南洋，希望以此来改变个人或家族的命运，而南洋成为他们的容身之所，成为他们对命运抗争的阵地。

南洋对鲁加升的意义首先便是包容。对21世纪初的中国高等教育而言，普通人，尤其是农村青年，上大学是改变命运的唯一途径，而万人过独木桥，能达到彼岸者寥寥无几，大多数人只能被迫放弃理想，不得不被裹挟于历史的洪流之中而为生计发愁，他们就像那众多的下南洋者一样，漂流而无处借力，因而，在鲁加升看来，南洋首先就是这样的包容之所，是"把每一个学生都当作自己的孩子，为农村有志青年提供一个命运转折的机会，为城镇有志青年提供一个成长成才的希望"。南洋学院就是这万千"不大会读书，但会做事"的学子通往成功彼岸的一艘巨轮。"南洋"二字正好暗合了鲁加升"给年青一代终身受益的精神财富和报效祖国的愿望与能力"的办学宗旨。

其次，是为了纪念——纪念陈嘉庚先生的昭示。陈嘉庚的父亲是早一辈下南洋谋生者之一，陈嘉庚17岁那年，到新加坡帮父亲打理生意，成为新一代下南洋者，后来父亲经营失败，陈嘉庚只好像所有下南洋者那样艰苦创业，最终成为杰出的华侨领袖、大实业家。鲁加升借南洋二字来向陈嘉庚先生表达自己的崇敬之情。当然，在厦门，像陈嘉庚一样从南洋回国而投身于家乡建设者亦不在少数，他们以满腔的爱国之情为祖国的经济社会发展做出了卓越的贡献，鲁加升在"南洋"二字中不但有对陈嘉庚的纪念之情，还有对反哺祖国建设的南洋精英的敬重之意。

再次，便是怀念——怀念自己在跌宕起伏的"下海"洪流中那段悲喜交加的生命历程。鲁加升自"下海"以来，时常怀念自己在西工大的美好时光，他的教育情结也随着商海沉浮日益增强。来厦门后，不管是当老总，还是当业务员，但凡在大街上碰见西工大的毕业生，学生们喊一声老师，他都会觉得无比亲切，这种精神慰藉是他创办学校的动因之一，而他从离开学校到重新回到学校的这段"下海"经历作为他人生中重要的一段生命历程，对南洋学院的创办具有无可替代的重要意义。"下海"者，便是"下南洋"者，这两者在时代的变迁中，同样成为冒险与拼搏的代名词，"南洋"二字也是为了向自己致意。

除此之外，南洋亦是鲁加升对自己理想与事业的展望和希冀。中国经济飞速发展，让中国迅速耸立于世界之林，南洋已然成为国际化合作交流的一种泛式概念，已经脱离了原有的地域限制。鲁加升从一开始，就对南洋学院的未来充满憧憬，他心目中的南洋学院应该是扎根于厦门的国际化大学，而不只是"一所普通的民办高校"，正如他所设计的南洋校徽——广阔的海洋，雄鹰立于巨轮之上，展翅翱翔之势，雄鹰宽广的目光，瞭望的是更加宽广的世界舞台。

2. 家人的支持

2000 年的春节，鲁加升回鲁井崖过年，他第一次将创办学校的事对父亲说了，父亲很高兴，他说："只要你认为可行，全家人都会支持你。"这让鲁加升轻松了不少。父亲身上那种倔强的、永远积极向上的精神一直影响着鲁加升，这是父亲给鲁加升的一笔巨大的精神财富，也是鲁加升挑战自我的精神原动力。尽管父亲无法给鲁加升提供金钱和建设性意见，但他对此事的认可就足以让鲁加升充满力量。

这时候，父亲还完了外债，靠做废品生意的积蓄和孩子们的资助翻修了老家的房子，把日子渐渐过成自己想要的样子。65 岁的父亲，至此才长舒了一口气，在改革开放的 20 余年时光里，他曾纠结、彷徨，也曾意气风发、荣耀一时；曾坚定、顽强，也曾情绪低落、万念俱灰，像那个时代所有的勇敢前行者一样，跌倒了爬起，再跌倒再爬起，他用自己的生命历程见证了一个伟大时代的巨变，这是父亲的不幸，也是父亲的幸运。契合的是，鲁加升也如父亲一样，经历了父亲所经历过的一切，同样的酸甜苦辣，同样的精彩纷呈，只不过父亲演奏的是人生的后半场，而鲁加升是前半场，就像一个父与子的接力赛，鲁加升至此才算是真正接过了父亲手中那一直伴他而行的接力棒。

这时候，鲁加升的兄弟姐妹也都在各自的轨道上过着普通人的平凡生活，他们个个心怀梦想，在追逐梦想的路上奋勇向前，为家庭、为子女、为自己披荆斩棘，生活并无波澜，却也没有一眼能望得见的跃升与开阔。

这一年，鲁家最小的孩子、鲁加升的小妹妹鲁晓芹已经 23 岁了，经营着中国一汽睢宁服务站，生意做得辛苦，却也顺风顺水。过年团聚的时候，鲁加升与鲁晓芹详谈了一次。在所有的姊妹中，鲁加升与小妹妹最不熟悉，鲁晓芹两岁的时候鲁加升就去西安上大学了，此后每年回家的次数不过寥寥几次，及至鲁加升到厦门工作，鲁晓芹也才 12 岁，鲁加升在厦门创业的这许多年里，回家的次数更少了。因着年龄的差距，兄妹两人的交流也极为有限。鲁晓芹对哥哥印象最深的一次是初三毕业那年，还在万国任执行董事的鲁加升回家，眼看着大姐生计艰难，就想带大姐 9 岁的女儿崔慧慧到厦门上学，一是为了缓解大姐的压力，二是想让崔慧慧有一个更好的学习环境，并以此来回报大姐早些年上学时对他的照顾。鲁加升其时带着 7 岁的女儿回家，走的时候，因为要带两个孩子，便带了鲁晓芹一起去厦门。车到南京中转，崔慧慧突然哭闹着要回家，鲁加升无奈，只好又让鲁晓芹送崔慧慧回家。这一次鲁晓芹才对哥哥有了真正深入的了解，她对哥哥的态度从尊重而多了一份亲切，从严厉而多了一份信任，她明白了哥哥为家庭而承担的一切远比她想象得要多，从那一刻起，她心中便有了一个因为哥哥而存在的远方，那远方满载着她少女时代对未来的想象和期待。但当鲁加升突然问她："想不想去厦门？"鲁晓芹还是犹豫了，她没想到，她一直期待的远方此时竟成了她面临的一个重要难题。

在鲁加升看来，这个他一直未曾留意的小妹妹"猛然间"长大后，遗传了父亲的坚毅和果敢，她正以朝气蓬勃的姿态徐徐展开她的人生，他在她身上看到了自己当年的影子。于是，他决定让鲁晓芹参与到建校的事务中来，他觉得她应该有不一样的人生。表面上鲁加升说是让妹妹帮他，而鲁晓芹深知，哥哥做出的决定必然是为了她好。在面对初创而又顺畅的事业，鲁晓芹心中的天平晃了两晃，但她最终还是说服了自己，辞职来到了厦门，正式进入了南洋学院筹建处。

3. 滨北校区

过完年回到厦门，鲁加升就立即着手和潘恒曦撰写、组织、汇总申报材料。这是一个繁复的过程，需要先将建校所需的材料申报至厦门市教育局审核，再由市教育局申报到福建省教育厅终审，最终拿到福建省教育厅的同意批文，才能正式建校。由于当时各种培训机构崛起，教育厅对学校的批文实行管控，审查更加严格，批复时长未定，很多学校一两年也拿不到批文。在大半年的时间里，鲁加升往返于厦门和福州数十趟。有时候，鲁加升和潘恒曦两人去福州，白天去教育厅催问进度，为了等人，中午只好坐在楼道里吃面包，困了就靠着墙眯一会儿，晚上为了省钱，就找教育厅附近最便宜的宾馆。潘恒曦是球迷，只要宾馆有电视，其他的都毫不在乎。但宾馆隔音不好，为了不影响鲁加升休息，他只好把电视抱在床上，用被子捂住，将音量调到最小，钻进被子里，大汗淋漓地看足球赛，看到精彩处，忘情地掀翻被子击掌高呼，等意识到会惊醒别人时，他又钻进被子里继续看球赛。有时候，他们躺在床上，常常为建校的事讨论到半夜，潘恒曦沮丧了，鲁加升就给他讲自己过去几年的奋斗经历，潘恒曦听着听着深受鼓舞，第二天又浑身充满了力量，等鲁加升情绪低落了，潘恒曦就给他"画饼充饥"，给他畅想南洋学院建成后的广阔前景。潘恒曦说："阿拉法特为巴勒斯坦的民族解放努力了几十年，他都70岁了，还在努力，我们这才多久？"潘恒曦的话惹得鲁加升哈哈大笑，心中的阴霾一扫而尽，很快就又以满腔激情投入到工作中去。年龄相仿的两个年轻人，亦师亦友，亦友又成至交，在那段艰苦的创业岁月，他们相互激励，携手并肩共克时艰，成为南洋学院创校历程中的一段佳话。

　　2000年6月，建校的批文还没有拿到，心急如焚的鲁加升不得不做出破釜沉舟的大胆决定：先将房子租下来，着手装修。其时，鲁加升还邀请到了从厦门市工业学校退休的书记、校长范骏义副教授参与建校的工作。不久，他们召开了以鲁加升、潘恒曦、范骏义、向南、鲁晓芹等5人参加的南洋学院第一次正式筹备会议，决定立即着手开办学校。参会人员对鲁加升的决定一致表示赞同，但也心有顾虑，大家都觉得批文还没有下来，这样贸然投入资金，万一有所差池，后果不堪设想。此时，鲁加升在经过了几个月的全力工作后，觉得必须"置之死地而后生"，才能赶得上9月的开学计划，留给他的时间只有两个月，他说："再拖延下去，我们就无法将一个废弃的工厂改造成一所差不多的学校，事已至此，只有硬着头皮迎难而上，没有翻不过去的火焰山，只要我们全力以赴，就一定可以拿到批文。"鲁加升的铿锵之音让在场者都感受到了信心和力量，但唯有鲁加升和潘恒曦心里明白，这个决定就意味着将他们逼到了悬崖边上，没有回头路了。

　　在对之前考察过的几处校址做了可行性分析后，7月初，鲁加升租下了原福达感光厂的三栋闲置厂房。福达感光厂位于厦门市政府附近，交通便利，再加上厂房空阔，厂内又有足够的空地，是建校的绝佳场地。福达感光厂因为早年间生产福达彩色胶卷而闻名全国，后被柯达公司收购，合并后柯达公司在厂内办公，但厂房一直闲置。柯达公司之前已将厂房租给其他公司，通过协商，筹备组最终拿到了这块场地的承租权，双方商定每年租金10余万元，签订了10年租用合同。

4. 制度先行

时不我待，校址选好后，鲁加升一面招聘南洋学院首批工作人员，一面清理厂房。

鲁晓芹成为南洋学院第一批招收的学校工作人员之一，担任学校出纳并负责办公室事宜，和其他工作人员一样每月拿 800 元工资，住在学校宿舍，照常交住宿费。鲁加升对妹妹一视同仁的安排也是经过了深思熟虑，他认为一个可持续发展的学校，就必须有一套完整严格的现代学校制度来约束管理，从起步就要有合理的分工和薪资标准，绝不能搞家族特权，国际化、标准化才是一个刚刚破土而出的学校应该持有的准则。任何有才华有能力者，都通过自己对学校的贡献来达到晋升，学校管理者绝不能任人唯亲。事实证明，这是一条极具先见之明的有利于南洋学院后续发展的真理。其后，当鲁加升的兄弟姐妹们在鲁加升的帮衬下，先后都来厦门工作创业，鲁加升也以这一原则约束自己，他可以给他们提供自己私人的一切尽可能的便利帮助，但一旦涉及南洋学院，就得"公事公办"。亲人们也必须站在同等竞聘者的行列里，以本事吃饭，而正因为有这条"铁律"限制，姊妹们反而十分融洽，各自展己之长，找到了适合自己的发展路径，各自都有所成。

鲁晓芹深知鲁加升的用意，尽管拿着普通员工的工资，但从内心里，她还是把哥哥的事业当作自己的事业来做，鲁晓芹也成为鲁加升创业初期最为得力的助手之一。她在做好财务工作的同时，亲自带领工作人员加班加点，收拾厂房。感光厂的车间有很多化学药瓶，大多因为废弃而有泄漏。在厦门炎热的七月里，鲁晓芹因为连续苦干导致双脚发炎，但她晚上敷上药，第二天仍旧和其他员工一起正常工作。鲁加升对妹妹的伤口看在眼里，疼在心里，他劝她好好休息一阵，但鲁晓芹只是嘴上答应着，转过身却又继续投入到了工作中去。

那是一段艰难的日子，鲁加升一面协调各种关系，一面部署学校下一步的工作，同时还要招聘、做招生宣传，洽谈学校所需的各种办学设备，每天的睡眠都不足三小时。经费仍然是一个难题，鲁加升一面想方设法筹措资金，一面又实行极简主义，他将自己和办公室的开支压缩到最简，就连他的办公桌也是感光厂的旧物——一个没有抽屉的写字台，他用了很多年。

5. 坏事也有可能变成好事

"必须由专业的装修团队来打造校园。"鲁加升通过之前一个老同事介绍，很快就与一家装修公司签了协议，在洽谈时，鲁加升强调了装修要求：在保证质量的前提下速战速决。开始的时候，一切都很顺利，装修公司全面入驻，加班加点赶工，但谁也没想到，当装修全面铺开后，装修公司却突然放慢了进度，鲁加升再三催促，对方却提出要追加装修费，这让鲁加升大为恼火，他知道这是对方觉得学校这边着急，故意敲竹杠。鲁加升严词拒绝了他们的无理要求，双方展开谈判，装修公司的负责人以为有足够的把握要挟鲁加升，竟在谈判的时候变本加厉，节节提高追加费用。谈判崩裂后，装修公司赖在工地既不工作也不走人。但他们没想到，一向待人和善的鲁加升发起火来也是雷霆之势，"成大事者不拘小节，非常之时就得有非常手段。"鲁加升当下集合学校所有工作人员，将装修公司的一应工具往校外搬，他心想，必须先将这种不讲信誉、毫无职业道德的队伍赶出校园，然后让别的装修公司继续赶工。装修公司一看形势不妙，便也纠集工人与学校工作人员对抗。

彼时南洋学院的 10 余名工作人员虽然来自天南海北，在一起工作的时间并不长，但每一个人从一开始工作，就被鲁加升与人为善的做事风格和一视同仁的工作准则所感染，也被南洋学院筹备组锐意进取的激情和心怀远方的格局所感动。他们加入这个团队时，就决定了要把南洋学院当成自己的家，尽管如此简陋，如此艰苦，但所有人都为能加入这样温暖的创业团队而自豪不已。因而，大家在鲁加升的带领和号召下，心往一处想，劲往一起使，大家拧成一股绳，像一面铜墙铁壁一样站在了装修公司一干人等面前。

装修公司的工人大多是临时招工，仅仅是为了混一口饭吃，在气势上自然要逊色不少。双方经过一番对阵和冲突，装修公司的人便立刻作鸟兽散，自行撤退。鲁加升在这次行动中敢作敢当、有勇有谋的豪气和担当更加凝聚了人心，鲁加升说："我们不惹事，但我们不能怕事。"是以，在南洋学院进入正轨后，鲁加升在南洋校训里，首先提到了"拼搏"二字。他说："从字面上来解释，拼搏就是打拼搏斗的意思，当然，我们不鼓励野蛮，但排除万难，努力实现自己的目标才是南洋的根本精神。"

新的装修公司进驻，按计划日夜加班，鲁加升在联系好办学所需的桌椅、电脑，以及学生和教职工住宿设备、其他教学用具等各种必需品后，又接着跑了两趟福州催问批文。经过半年的接触，省教育厅的领导和工作人员都与鲁加升非常熟悉，也对办学之事十分关心，回复说9月初应该能够审批下来。有了这个定心丸，鲁加升回来后便开始做招生准备。

然而，一波未平一波又起，就在装修接近尾声的时候，又出了一件大事。因与柯达集团同处一地办公，鲁加升便想要将校园与柯达公司的办公区域进行分离，这样互不干扰，也方便学校管理。于是，筹备组便计划在原厂区的一个出口单开一个南洋学院的大门，盖一处传达室，为南洋学院独立使用。大门选址的时候，鲁加升原本是看中了门前的一块开阔空地，觉得这样可以方便学校的封闭管理，但当工程开工之后，城管出面干涉，明令禁止。鲁加升从外面赶回来询问缘由，城管只说不能在此处开门，二话不说就封了工地。晚上鲁加升通过多方打听询问得知，原来是有人要在那块空地上经营洗车场。门口的区域原本也是感光厂的地面，鲁加升在租用厂房的时候，并没有对这块地方做详细说明，租主亦没有明确那块地不能使用，要租用经营洗车场者是在南洋学院租用场地之后才对这块地打的主意。

鲁加升在了解情况后，再三权衡，觉得这是校门的最佳位置，于是，便和城管进行沟通协商，岂料协商无果，双方僵持不下，这件事很快就引起了厦门市政府相关部门的高度重视。分管教育的市政府副秘书长在详细了解了南洋学院的现状后，对鲁加升迎难办学的精神赞不绝口。副秘书长说，鲁加升千里迢迢到厦门创办大学，是开了厦门民办教育的先河，这样具有创新能力的民办企业才真正是造福于厦门发展的未来之星，政府应该从各个层面给予支持和帮助。在市政府副秘书长的协调和支持下，鲁加升在这次事件中维护了学校的利益，校门如期完工。

那之后，人们就可以看到，经过去感光厂的一段砂石路，上一个缓坡，柯达公司的办公楼隔壁，出现了一个崭新的学校，从学校进入，另外两栋一栋是宿舍，一栋是图书馆和食堂，正对面一栋五层旧厂房，门窗经过改造焕然一新，一、二层是教室，三至五层是学生和教职工宿舍，校长鲁加升的办公室在附楼二楼最东侧的第一间，他正在那张没有抽屉的办公桌前描画着南洋学院的蓝图，那五彩缤纷的、辽阔的天地在他深邃的目光下一点一滴耸立起来……

2000 年 9 月，厦门南洋专修学院正式成立，校址位于厦门市政府东侧原厦门感光厂旧址，即滨北校区（2000.8—2002.8，现为山水芳邻小区）

2000 年 9 月，厦门南洋专修学院专家顾问委员会成立并召开第一次会议

第五章

南洋奇迹

5

1. 学校定位

招生是一场硬仗。南洋学院的第一批教职工几乎都没有招生的经历，几个返聘的老教授、老领导都曾在公办大专院校任职，对学校的管理和学科建设都有着丰富的经验，但没有为生源发过愁。而民办大学，尤其是刚刚破茧而出的一所尚不为人所知的民办高校，在排除万难之后，重点要面对的难题是，谁来上学？而谁又是适合南洋学院的学生？这是一个双向选择，也是一个互相吸引的过程。

关于学生的定位，鲁加升在南洋学院酝酿之初就做过详细的调查和研究，至此，他仍然初心不改。由于办学之初，民办高校在国家范畴内的定位并不清晰，教育部门对民办高校的发展运行尚处于尝试阶段，给予民办高校的自主权也十分有限，因而南洋学院尚不能自主颁发毕业证书，学生只能通过国家自学考试取得文凭。这是鲁加升早先对国内几所民办高校通过访问学习取得的办学经验，因为鲁加升办学的目的是"向特区输送实用新型人才"，因而在学校进入正轨后，鲁加升便积极与厦门多家企业商榷，签署了定向人才输送协议，这种校企合作模式直接解决了学生的就业之忧。

同时，鲁加升再一次大胆创新，因为自设专业的原因，在首届毕业生毕业的时候，同时给他们颁发南洋学院自己的毕业证书，这样一来，南洋学院的毕业生就同时拥有两份高等院校的毕业证。尽管南洋学院自己的毕业证不能在全国范围内通行，但在厦门与南洋学院有合作关系的企业中却能得到认可。也就是说即使学生毕业的时候，只拿到了南洋学院的毕业证，照样能够在厦门的一定范围内以大学生的身份就业。而鲁加升也相信，在未来不久，南洋学院的毕业证定然会通行全国，这是他对全国高校改革态势分析的结果，也是他对南洋学院办学能力的一种自信。当然，鲁加升并不是妄自尊大，而是他坚信，任何一个行业的改革，必然要以这个行业的先行者提供的模板做参考，而政府对教育的改革也必然是为了其能以更加适应经济社会发展的步伐前行来考量——在高校扩招的当下，大学是提高全民素质的一条重要途径，因而，民办高校一定能在这种历史机遇中生存并产生足够的影响力，这是社会的需要，也是市场经济的需要，是迫切寻求接受高等教育的万千学子的需要。

2. 亲自带队招生

在招生工作的动员大会上，鲁加升对全校 20 余位教职工亲自做了招生培训，对招生时的"准确定位、恰当宣传、就业优势"等多个中心节点做了详细解说，然后又将教职工以年龄、性别、能力等进行综合考虑进行分组，确定好招生的地域范围，大家一起出发，去往全国招生。只留了少数几个人在校负责装修、布置校园和安排学生入校的前期准备工作。

鲁加升亲自带队招生，奔赴招生点散发传单，宣传学校。家乡徐州和睢宁自然是招生的重点区域，鲁加升在睢宁作为曾经的优秀学子和拥有良好声誉的徐州籍企业家，他个人就是最佳的招生宣传大使。从内心来说，他还是想通过自己创办的学校，给家乡因为没有考上公办大学而即将失学的高中生提供一个上大学的平台，也给因为考不上高中而即将失学的初中生一个再学习的机会。用"造福乡里"形容此时的鲁加升虽然显得有些牵强。但他深知，只有通过这种方式，才能让更多的农村孩子跳出农门。同时，他从心底也希望自己创办的学校能经得起家乡父老乡亲的检验。

他招收的第一个学生就是大姐鲁凤梅的女儿崔慧慧。这一年崔慧慧正好初中毕业，考上了高中，她的姐姐崔文文已经读完了高一，两个孩子同时上高中，对鲁凤梅来说不是一件轻松的事。鲁加升对姐姐的经济状况了如指掌，早些年要带崔慧慧到厦门上学的愿望没有实现，这一次他决定让崔慧慧来上自己创办的学校——自己家的孩子来上自己创办的学校，更具有说服力，同时也能减轻大姐的负担。

之后，崔慧慧如愿成为南洋学院大学预修部一年级的一名学生，为了表达对大舅鲁加升的感激和崇敬之情，崔慧慧自己改名为鲁小卉。在鲁加升

"一视同仁"办学理念的严格管理下，鲁小卉与别的学生一样住宿舍，吃食堂，从不搞特殊化，也没有机会搞特殊化。2002年，鲁小卉从预修部升入南洋学院大专部国际商务专业学习。大学期间，她积极参加南洋学院的社团活动，是南洋学院校报《南洋报》最早的记者站成员之一，因为喜爱文学，她在《南洋报》发表了多篇文学作品。毕业前，鲁小卉以写作特长进入《福建侨报》实习，与她一起实习的有华东师大、福建师大的本科毕业生。经历了南洋学院实用型人才培养模式培养的鲁小卉一点儿不比别人差，得到了报社领导和同事的一致认可和高度赞扬，实习结束时，报社领导亦挽留鲁小卉在报社工作，但时值南洋学院新校区建设的用人之际，她受鲁加升之聘，回到南洋学院上班，后来通过努力又取得硕士学位，如今已是南洋学院经管学院的一名骨干教师。

2002年，鲁凤梅的大女儿崔文文高中毕业，考上了安徽工业大学专科部，但在鲁加升的建议下，她还是选择了南洋学院。此时，鲁凤梅一家人来厦门做生意并定居。崔文文进校后，积极加入学校学生会，2005年，品学兼优的崔文文在南洋学院通过专升本考试，进入福州大学就读公共管理专业，毕业后去往香港工作并定居。此后，鲁家又有八九个孩子，不论考上什么大学，最后都选择了就读南洋学院，毕业后自主择业，都发展得不错，闯出了一片属于自己的天地。

3. "没有围墙"的大学

　　鲁小卉和崔文文上学期间，鲁加升承担了她们的学费，除此之外，她们与南洋学院的所有学生一样学习，利用业余时间打工赚取生活费。鲁加升也把她们当作南洋学院众多普通学生一样看待，不提供任何特殊帮助。鲁加升把她们的成长成才看作南洋学院人才培养模式的试金石。"只有自己的孩子通过在南洋学院的学习取得人生道路上的成功，别人才能相信南洋学院，才肯把他们的孩子放心地交给南洋学院来培养。"鲁加升的"以身试法"，不但是南洋学院招生的一个亮点，也为南洋学院的后期发展起到了不小的促进作用——自己的孩子作为众多学生的代表，更敢于说真话和提意见，才更容易将学生们的愿望和想法传达到学校领导层，更有利于学校及时做出调整和完善。鲁加升因着这一启发，在南洋学院成立之初，就决定在每年的开学典礼上将自己的电话号码公告于全体学生，目的就是能更便捷、更及时地听到学生的反馈之音。如今，他已坚持了二十年。

　　招生工作虽然艰难，但也很快就有了成效，第一年，鲁加升就从睢宁县招到了十多个学生，学生的口碑就是对学校最好的宣传。自此之后，睢宁乃至徐州，每年都有不少学生来南洋学院学习，南洋学院也的确成为了改变鲁加升的家乡有志青年人生命运的极佳途径之一。鲁加升也因此真正做到了"造福乡里"，对于经济特别困难的学生，鲁加升也会为他们减免学费，当然，减免学费是容易的，但鲁加升相信毕业于南洋学院的学生，一定会凭着自己的勤奋和努力，活得尊严而体面，有些人，需要的仅仅是时间。

　　在南洋学院全体教职工的共同努力下，经过一个多月的紧张工作，2000年8月底，装修工作彻底结束，学院一切准备就绪。9月6日，福建省教育厅的办学批文终于到了。至 2000 年 9 月开学，南洋学院共计招收第一批南洋学员 182 名，分为 4 个大专班，一个预科班。

2000 年 9 月 6 日，经福建省教育厅批准（闽教〔2000〕社办 24 号），厦门南洋专修学院正式在厦门市政府东侧原福达感光厂旧址挂牌成立（后被称为滨北校区），在厦门教育界轰动一时。《厦门日报》等各大新闻媒体以《"没有围墙"的大学》为主题争相报道，南洋学院成为这一年厦门的热点新闻。南洋学院成了中华人民共和国成立后厦门第一所全部由个人出资创办的大学，正式开启了厦门第一所真正的民办高校的办学历程。这也是全国为数不多的由曾经担任过重点大学处长的教育工作者创办的民办大学。

南洋学院像一缕清风送入万千学子的肺腑，滋润着他们成长成才，也为中国高等教育的改革提供了一个可行性发展的范式和个例。南洋之星冉冉升起，也必将大放异彩，鲁加升坚信这一点。

4. 南洋奇迹

南洋学院从无到有，累计共投资 200 万元，除教室、教职工及学生宿舍外，还有学校食堂、图书馆和操场等硬件设施，更有来自全国知名大学的退休老教授、老处长等享有卓越声誉的教师和管理者。南洋学院的诞生及飞速发展成为厦门人惊叹的一个奇迹，其后厦门众多的民办高校在建校之初都对这一奇迹做了详细分析，发现鲁加升所打造的南洋奇迹因着三个方面的综合优势而为他人所不及——

南洋奇迹首先是精英人才汇聚的奇迹。15 位海内外知名企业家和学者组成的创校校董会，成为南洋学院高起点创校品牌建设的一大优势。15 个人就像 15 颗璀璨的星星，照亮了南洋学院前进的道路，也呵护着南洋学院从初诞的阵痛到快步而行的茁壮成长，而鲁加升以一己之力，打造的这 15 人组成的明星团队，是中国民办高校史上一个可供参考的建设个例，却不是完全可以复制的经典特例，此为奇迹之一也。

其次，南洋奇迹是一个经济学范畴内的融资和统筹奇迹。由个人仅有的 30 万元到一所大学的诞生，这既是鲁加升融资与资源整合能力的一种体现，亦是鲁加升多年来的经商经验所积累的投资智慧，此为奇迹之二也。

而最关键的是"南洋速度"所体现的南洋奇迹。从申办到正式挂牌开学仅用了半年时间；从将一处废弃的厂房改制成了一所民办大学仅用了短短两个月时间；从一无所有到拥有 182 名学生和二十余名教职工的师生力量亦用了短短两个月时间，而后来，南洋学院仅用了五年时间，在校生即达到了一万人……这种锐意进取的创造精神造就了南洋学院势不可挡的速度奇迹，而无可比拟的南洋速度才是南洋学院领跑的核心内生动力。

5. 内外兼修

创校这一年里，鲁加升做到了内外兼修。对内，根据办学实际和学生状况，一面积极向学校聘用的老教授和老领导学习求教，一面自己琢磨管理经验，他以长远的战略眼光，在南洋学院的每一次制度确立和变化的关键节点上，都尽可能借鉴国内外国际化、标准化先进模式，再根据南洋学院实际进行融会贯通，力求"符合南洋校情，打造南洋特色"。在他的多方协调与力推下，《厦门南洋学院章程》和《厦门南洋学院董事会章程》顺利颁布并执行。鲁加升在担任南洋学院法人的基础上，被董事会一致推举为董事长，潘恒曦被选为副董事长。2001年2月，鲁加升着手成立了南洋学院党支部，并由范骏义副教授担任第一任党支部书记。南洋学院制度建设日趋完善。

对外，鲁加升多方位宣传南洋学院，在提升学校知名度的同时，积极寻求校企合作，联系南洋学院与公办大学合作、南洋学院与其他民办大学合作交流等众多事宜，拓展南洋学院的生存空间和发展路径，为南洋学院的后期跃升奠定行动基础。

创校第一年，南洋学院发展顺利，为了抓住时代赋予民办高校发展的机遇，鲁加升决定新开分校。经过一番考察，学校租用了位于厦门市莲花五村的厦门林德叉车有限公司闲置的厂房，以闪电般的南洋速度如法炮制，迅速建成了"莲花校区"，聘任原宁德市教育局副局长吴继奎为莲花校区主任，负责具体管理事宜。莲花校区占地20亩，建筑面积12000平方米，可容纳学生1000名。

及至2001年8月23日开学，南洋学院"滨北校区"和"莲花校区"共计招收学生1350人，教职工增至60余人。同年12月，南洋学院第一次团代会暨学代会隆重召开，共有团员代表 74 名、学生代表 85 名参加。2002
年 5 月 31 日，南洋学院成立党总支，成为福建省第一家建立党总支的民办
大学。

　　随着资金积累和办学声誉的大幅度提升，2002 年 6 月 22 日，南洋学院
同时新增"吕岭"和"何厝"两个校区，共可容纳学生 3500 名，极大地改
善了办学条件。吕岭校区地处厦门郊区，为当地农民自盖的两栋工业厂房，
刚盖好后就被南洋学院租用。而何厝校区地处海边，属厦门经济中心区域
（现在为观音山商务运营中心）。因为何厝校区是刚盖好的独立厂房，环境
优越，又有独立的院子，南洋学院总部便从滨北校区搬至何厝校区。这一年
共计招收新生 1842 人，招生范围遍及全国 20 多个省（市）。

　　2003 年初，因签署了 10 年租用协议的福达感光厂回收开发，南洋学院
不得不搬离滨北校区，并于 3 月 31 日，新开仙岳校区安置原滨北校区师生。
仙岳校区租用了中国侨联的办公大楼中侨大厦和后面紧挨着的厦门首饰厂厂
房。搬迁是一个巨大的损耗过程，这次搬迁让鲁加升深受触动，于是，他对
其他校区的办学条件重新做了思考。他发现莲花校区太过狭小，不利于长久
办学，便动了及早搬迁莲花校区的念头。这时候，恰好有位于金尚的树德外
国语学校搬迁，鲁加升便立即对接，先租用了树德外国语学校的部分校舍备
用。2003 年 6 月，树德学校完全撤离，南洋学院遂即租用整个树德外国语
学校校园，于 7 月 5 日，成立"金尚校区"。此时，南洋学院发展成为拥有
吕岭、何厝、仙岳、金尚四个校区的办学规模。这一年，共计招收新生
2229 人，在校学生达到近 6000 人，专职教职工达 400 人之多，另有兼职教
师 100 余人。

6. 特色办学

在不断完善各种制度建设的同时，南洋学院准确把握民办高校的自由度和灵活性，依据就业需求和招生情况，及时了解学生动态，适时对专业设置做出调整和提升，在扎实推进专业建设的同时，又灵活地对部分专业精准充实，使学校的发展与市场和学生的需求紧紧同步。2002年，南洋学院先后与美国普莱斯顿大学等高校建立合作关系，加强交流与合作，推进教育国际化。

同时，南洋学院还特别重视学生课余生活的丰富性和趣味性，重视学生在校的幸福感。当时社会上对像南洋学院一样的民办大学有着许多担心和误解，一方面，每年高考"千军万马过独木桥"的现实让许多适龄青年上不了大学，他们迫切地希望能进入大学深造，另一方面，学生和家长又在就业、社会认可度、能力培养等问题上十分纠结。南洋学院提出了"以人为本，特色办学，全面育人"的办学理念，始终把"立德树人"放在首位，坚持德才兼备，全面发展的培养目标，提出了"把每个学生都当作自己的孩子"的育人思想。鲁加升说："我们不能因为是民办高校，就觉得一切可以删繁就简，相反，大学生在公办高校能接触到的，我们就要想办法提供条件，甚至，我们还要有超越公办大学的地方，这样才能将南洋学院的优势体现出来。"

南洋学院采用准军事化管理模式，每年新生入学都组织半个月的军训。在全院教职工中开展"四育人"——教书育人、管理育人、服务育人、环境育人活动。开展建设"文明校园活动"等。2001年开学初，针对当时校舍比较简陋，学生中独生子女较多，生活自理能力差，部分学生比较散漫，晚上不睡觉，早上不起床，随意缺课，宿舍脏乱差等问题，南洋学院组织开展"文明宿舍活动"。由各班指导员、机关干部、任课教师包班宣传动员、组织实施，根据"文明宿舍"的建设标准和要求，成立以指导员和教师、学生代表组成的评议组，每天对各宿舍检查，每周评比一次，按照优秀、良好、合格、差打分，将评为优秀、良好的宿舍在全院公布表扬，并在宿舍门上贴红色的"文明宿舍"光荣匾。这次活动激起了学生自爱、自尊、自信、自立的荣誉感和上进心，也加强了学生的自理能力，提升了学生团结互助、共同进步的团队意识。经过两个多月的努力，南洋学院的学生宿舍逐步实现了一片红。走进学生宿舍，看到的是牙缸水杯摆成一条线，毛巾挂成一条线，鞋子放成一条线，被子折成豆腐块的军营标准。窗明几净，整齐清洁、美观舒服的宿舍环境让来访者赞不绝口。南洋学院外树形象、内整纪律的管理模式迅速得到社会各界的认可，被随后兴起的厦门民办高校争相仿效。学生自我约束的能力和动手操作能力亦得到了家长们的一致赞誉，南洋学院对学生的重塑模式因此也成为南洋学院的金字招牌之一。

2002年11月16日至17日，南洋学院举办了第一届田径运动会，全院近5000名师生参加，运动会的召开凝聚起全校师生的强大合力，也让学生感受到了身在"一所真正的大学"的自豪感。此外，鲁加升还极力推进南洋学院学生社团建设。在西工大团委工作过多年的鲁加升，深知学生社团对学生成长的重要性，他通过学校层面号召学生积极组建社团，对思考成熟的社团尽可能提供扶持和帮助，他时常与社团的负责人沟通交流，为他们出谋划策。2003年6月28日，南洋学院院报《南洋报》正式创刊发行，短短两三年时间，学生会、《南洋报》和一大批学生社团如雨后春笋般成长起来，成为南洋学院在课堂教育之外的另一大主阵地。社团活动作为学生在课本知识之外体现自我价值的一个重要渠道，为学生个性特长的培养和发展提供了平台，成为南洋学院学生与社会对接的一个窗口。不少学生通过社团实践活动勤工俭学，不仅在工作中得到了历练，还获得了一定的经济收入，很多同学因此做到了在校学习期间自己养活自己，这在公办大学中并不多见。

2003年7月，南洋学院首批招收的三年制大专学生顺利毕业，所有学生全部就业。"南洋人才培养模式"成为"南洋奇迹"的另一个重要体现。鲁加升的创业之路也逐渐平坦起来，他开始为南洋学院的下一个飞跃发展思谋筹划。

莲花校区（2001.8—2002.7，现为厦门香草园酒店）

何厝校区（2002.8—2006.6，现为观音山商务中心）

吕岭校区（2002.9—2010.6，现为蔡塘广场）

金尚校区（2003.7—2010.6，现为 1798 大学生创业园）

仙岳校区（2003.5—2010.6，现仙岳路 278 号润庭酒店）

社团文化艺术节

《南洋报》编辑室

第六章 开枝散叶的南洋学院

6

1. 荣誉如期而至

随着南洋学院影响力的不断提升，南洋学院和鲁加升个人的荣誉也如期而至。

2002 年 8 月 10 日，由教育部、团中央、中国科协、《中国青年报》等部门组织的首届中国民办高校"就业之星"评选活动历经两个月的评选落下帷幕，评委会在北京召开盛大的颁奖大会和中国民办大学在校生就业趋向调查和民办高校发展和人才培养模式研讨会。评委会从当年 6 月开始就向全国的民办高校征集候选人和候选单位，来自全国的 100 所民办高校参与了该次评选，南洋学院荣获"中国民办高校学生就业创新奖"，得到了南洋学院自办学以来的第一份殊荣。

2003 年初，南洋学院迎来了办学三年来最重要的客人——时任全国政协副主席（曾任北京大学副校长）罗豪才来南洋学院视察。罗副主席在视察过程中，以一名教育家特有的评判标准对南洋学院的办学给予了肯定和鼓励，他说："南洋学院虽然办学时间不长，但很有特色，很有改革精神，是中国民办高等教育的未来和希望。"罗副主席对随行的厦门市领导嘱咐要多关心、关注和支持南洋学院的发展，力争将南洋学院发展成为一所优质高校。罗副主席对南洋学院办学过程中存在的瓶颈问题也提出了中肯而又极具建设性的意见和建议，为南洋学院的发展指点迷津。

2003 年 5 月，南洋学院被中国未来研究会主办的国家级大型综合性刊物《发现》杂志"发现排行榜"列为"中国民办学校形象排行"第十名，被《高中生》杂志评为"中国高中生最向往的民办高校"，而作为南洋学院的董事长、校长鲁加升则荣获了"中国高中生最钦佩的民办高校校长"

称号。

2003 年 9 月，为庆祝中国改革开放 25 周年，中国改革人物征评活动组委会联合国家发改委主管的《中国经济体制改革》杂志社、中国社会科学院公共政策研究中心及上海第一财经传媒有限公司共同举办"中国改革人物征评活动"。这次活动以纪念我国改革开放 25 周年为契机，旨在挖掘、推举时代进程中的特色人物及他们身上的闪光点，将过去 25 周年的宝贵经验凝结成未来发展的巨大精神财富，以启迪他人。评委会最终在全国范围内评定出 75 位"改革之星"——分"农村改革人物""企业家""政界与知识界改革人物"三个领域，鲁加升有幸入选。9 月 25 日，鲁加升受邀前往上海参加于次日举办的为期三天的"中国改革高层论坛暨改革之星颁奖盛典"活动。在 28 日的颁奖大会上，鲁加升荣获"新时代中国改革之星——25 位最具改革理念的中国政界、知识界人物"称号，与厉有为、吕日周、何振梁、袁隆平、吴仁宝、郭凤莲、王永民……这些闪亮的名字排在一起。

活动期间，鲁加升与同获"改革之星"殊荣的"水稻之父"袁隆平、方太企业创始人茅理翔、因"傻子瓜子"而闻名海内外的年广久、安徽凤阳小岗村原生产队队长严宏昌等改革先行者深入交流，他们一起感怀二十多年来的改革之不易和所获得的个人经验，也为今后的改革之路做了详细的探讨。鲁加升作为教育界的改革先锋和代表，在这次大会上颇受关注，他所创造的"南洋奇迹"也因此成为参会人员瞩目的焦点——虽然起步晚，却发展迅速；虽然南洋学院尚处在探索前进的阶段，却引领了厦门一个行业的蜕变。以"汇聚改革精英，纵论经济春秋"为号令的中国改革高层论坛暨新时代中国改革之星评选活动让鲁加升获得了荣誉，也让他感受到了自己所肩负的责任和义务——南洋学院在不经意间已经不再是鲁加升一个人的梦想，而从这一刻起，南洋学院就已经承担起"中国高校教育改革急先锋"的重任，这让他倍感自豪，同时对南洋学院的发展做了重新审视。

2003 年秋，为了增进南洋学院对外交流，扩大办学思路，学习国外高校的先进办学理念，鲁加升跟随中国教育国际交流协会组织的全国高校校长考察团一行 10 人，赴美考察。在为期两周的考察过程中，鲁加升与西安欧亚学院校长胡建波同住一室，两人结合考察实际，深入交流办学思想，鲁加升在交谈中深受启发，遂对南洋学院的未来发展有了更清晰的思路。

在回来的飞机上，鲁加升遂想起诸葛亮《诫子书》中的一段话：夫君子之行，静以修身，俭以养德。非淡泊无以明志，非宁静无以致远。夫学须静也，才须学也。非学无以广才，非志无以成学。淫慢则不能励精，险躁则不能治性。年与时驰，意与日去，遂成枯落，多不接世。悲守穷庐，将复何及？

他知道，南洋要走的路是中国民办教育之路，亦是中国高校的改革之路，任重而道远。

2. 潘懋元先生受聘学校顾问

一所学校要办好，办出特色，"三才建设"是重中之重。首要一点是学校的领导者必须要有开阔的胸襟和适应时代要求和社会发展的办学理念；其次是要有满足办学需求的硬件条件；再次便是要有一批思想过硬、水平较高的管理干部和师资队伍。只有满足了这三个条件，学校才能在开拓进取中发展壮大。鲁加升深知："一所民办高校的发展与进步，学生是命脉，而教育人才是基石，只有大量引进高校教育人才，才能激发学校的生命力，才能谈创新与特色。"

因此，在办学之初，鲁加升便怀着无比崇敬与激动的心情前往厦门大学正式拜访他的精神导师潘懋元先生。将近二十年的期盼等待和心之向往即将实现的时候，鲁加升心里反而忐忑不安。尽管他几乎读过潘懋元先生的所有著作，也对他的教育理念深有研究，但仍对请先生助力南洋学院这事心里没底。在拜访之前，鲁加升又对潘懋元先生关于民办高校的看法和新高考改革的看法做了梳理，他觉得以先生之见，当不会排斥南洋学院，于是，便抱着试一试的态度前往潘懋元先生的住处。让鲁加升意外的是，潘先生家中布置简洁，除了典藏云集的满墙书柜，并没有什么奢华的贵重物品，置身其中，立刻就会给人一种无处惹尘埃的超脱与宁静。先生微笑着接待了鲁加升，虽已是耄耋之年，但他矍铄的精神、敏捷的神思和举手投足间彰显的大师气度让鲁加升倍感亲切。

在交谈中，潘懋元说"一考定终身"违反了教育规律，新高考改革应该及时解决这个问题，现在的大学，应该用多种方式来考查学生，高考成绩并不能显示出学生的兴趣及优势，对一个学生的考察不能完全根据学科分数，还要看其他方面的表现，比如说动手能力，会动手的人不一定分数高，分数很高的人，将来成功率未必高。"一刀切"会埋没人才，对培养创新人才不利，也不利于培养真正符合国家要求的人才。潘懋元先生对逐渐崛起的民办高校寄予厚望，让鲁加升大喜过望的是，先生竟然对南洋学院十分了解，也始终关注着南洋学院的发展，他说，正是南洋学院这样的民办高校的出现，才让中国的人才培养模式出现了另一条腿走路的可能，解决了仅仅以高考成绩为准绳，以结果的公平掩盖了过程的不公平的招生现状。而南洋学院等民办高校，将招收和培养学生的自主权掌握在了自己手里，学校可以根据自身的定位和优势确定招生方式，而这种多元的学校才能培养出各种各样的胚胎。中国的高校改革就应该着眼于像南洋学院这样的民办高校的人才培养模式，让市场来检验高校教育的水平，而不是用成绩来评判。

鲁加升向潘懋元先生汇报了南洋学院的发展现状，潘懋元先生对鲁加升的办学理念给予了高度评价，当鲁加升提出要聘请先生为南洋学院的顾问时，先生毫不犹豫地答应了。他笑着说："多年来，教书、科研、行政、社会活动，多面'作战'，我就是靠这个习惯和方法安排脑袋的，支持民办高校的发展也是我高等教育研究的另一条路，是责任也是义务。"潘懋元先生如是说，也身体力行，在南洋学院开办的第一年，就来到学校在一间十分简陋的教室里为全校教职工做了一场专题讲座，受到全校师生的热烈欢迎。

此后，南洋学院继承和发扬了潘懋元先生的教育理念，将他研究总结出的"实践"教学法和爱是教育的"最高法"贯穿于南洋教育的各个层面。"实践"是贯穿教学始终的重要环节，潘懋元认为"高等教育学者要善于从教育实践中发现问题，并以教育实践检验理论。只有经过实践检验的理论，才是正确的。"鲁加升将潘懋元先生创建的"学习—研究—教学实践"三位一体的研究生培养模式运用到了南洋学院的专科生教育主体上，在南洋学院营造出了"师生之间互相讨论，相互问难质疑"的中国传统书院中教师乐教、学生好学的学术氛围。由"爱是教育的'最高法'"得到启发，鲁加升提出了"把每一个学生都当作自己的孩子"的育人思想，要求南洋学院的所有教师在对学生进行专业知识的具体帮助之外，还要以"方向上的指引、方法上的点拨及人格上的影响"对学生言传身教，循循指导。他常常说，"作为一名教育工作者，随声附和和事事反对都不是明智之举，高明的教育者应该要有自己的真知灼见和创新意识，要敢为天下先，也要关注现实，要学会包容，深入浅出，不要刻意追求高深。"

3. 求贤访士

为了提升南洋学院的社会影响力，更进一步完善学校的思想政治建设，2001 年 9 月 3 日，鲁加升邀请原西北工业大学原党委书记、全国高校思想政治工作研究会原副会长、副部级干部李保义教授来南洋学院工作。

2001 年 6 月，李保义教授刚从西北工业大学领导岗位上退休。他在西工大领导岗位上整整工作了 17 年之久，在教育经费短缺、人才流失严重的艰难局面下，领导西工大提升了四个台阶，最终让西工大跻身于世界一流大学的行列。在教职工中实现了帽子、票子、房子、孩子、担子等"五子登科"的良好局面，解除了教职工的后顾之忧，调动了他们的积极性，学校的学术水平有了很大的提升，在西工大的发展史上功不可没。62 岁的李保义教授退休后，大有重担卸身的轻松感，他谢绝了学校的安排，谢绝了朋友的邀请，开始规划起神往已久的晚年生活。这时候，鲁加升拜访了这位曾经的老师、领导、同事、朋友，希望他能来南洋学院工作。鲁加升对李保义教授的敬重之情，不仅仅源于李教授是母校的领导，更是因为他把李教授看成了一位长期鞭策和教育自己的师长，他始终对李教授以"老师"相称。在李教授面前，鲁加升一口一个"老师"地叫，这本是发自肺腑、情真意切地对李教授的尊敬，却没想到，正是这个神圣的"老师"称谓打动了他，动摇了他不接受任何邀请的决心，"受人之邀，受人之托。"李保义教授最终答应了来南洋学院，成为南洋学院首位特邀书记。

李保义教授来南洋学院后，以半个主人的心态，立刻全力以赴地投入到学校的各项建设中去，把在西北工业大学的艰苦奋斗精神带到了南洋学院，把他的全部精力献给了他心中的"第二母校"——厦门南洋学院。

　　建校之初，南洋学院先后辗转过六个教学分校，校区大多是作为厂房或别的用途建造的，有的院落狭小，有的房屋陈旧，有的只是个水泥框架，要改造成办学用房，就要保证强度安全，采光通风，供水排污、消防疏散等没有问题，办学用房还要设施配套，办公接待，教室宿舍、图书阅览、运动场地、食堂餐厅、浴室厕所、环境美化等缺一不可，这给改造装修工作带来了一定的难度。李保义教授虽然名为书记，但真正的工作内容除了党政思想工作之外，还担负了滨北、莲花、吕岭、何厝、仙岳等多个校区的改造工作。有时候租到房子，距离开学仅剩一个多月，工期很紧，只能晚上设计画图，白天组织施工，经过大家日夜兼程的努力，最终创造了南洋奇迹。李保义教授印象最深的是有一次宿舍刚刚粉刷完毕，早来的新生已经报到，宿舍里的床还没来得及安置妥当，他就带领二三十名教职工一起搬床板，一间一间地安床。有学生和家长拎着行李到了宿舍门口，看他老人家和年轻教职工一起挥汗如雨，深受感动，纷纷一起过来帮忙，南洋学院的团结精神从新生一进来就在这种教师、家长、学生三者的共同参与下逐渐形成，一点一滴汇聚成了南洋精神。

　　李保义教授从一个公办名校的领导变成南洋学院的一份子，很多时候也充当了工人的角色，但在这种艰苦创业的氛围中，他不但毫无怨言，反而迸发出了一种年轻的蓬勃的生命活力，他庆幸自己退休之后选择了南洋学院，参与了南洋学院的建设和发展的重要环节，见证了一所民办高校迅速崛起的重要历程。生命的另一种体验，让他感受到了奇迹之下巨变产生的快乐，他的带头模范作用鼓舞了南洋学院的士气，也分担了鲁加升的重压，令鲁加升没齿难忘。在李保义教授的指导及协助下，鲁加升吸纳了公办名校的治学理念，将南洋学院的办学格局提升到了公办名校的同等层面，为南洋学院的后续发展奠定了思想基础。

　　在四处求贤访士的同时，鲁加升也十分重视南洋学院的人才招聘，现任南洋学院校长助理的李振杰就是南洋自主招聘培养的优秀干部代表。2002年，李振杰毕业于厦门理工学院，在校期间，他既是学校的学生会主席，又是厦门市学联的副主席，毕业之际，像厦航和中国移动等大企业都向他抛来了橄榄枝，但他还是喜欢到高校去工作。正犹豫之际，恰逢学联换届开学代会，南洋学院团委书记陈朝毅作为南洋学院代表参会，与李振杰相识后两人做了一番交流，李振杰便对南洋学院产生了兴趣，而他当时在厦门理工学院的系主任兼任厦门市政协副主席，正好于前一周到南洋学院调研，对南洋学院的办学也很是推崇，于是便给鲁加升写了封推荐信，之后李振杰如愿来南洋学院上班。

尽管李振杰既是优秀毕业生，又有政协副主席的推荐，但鲁加升仍然对他一视同仁。李振杰与他同时进校的40多人一起，都毫无例外地成为了南洋学院新一批学生的生活指导员，与大家同吃同住，共同工作。"是金子总会发光，所有人来南洋学院，都要从最基层做起，南洋学院要给所有有意于学校发展的人才提供公平、公正的竞争机会，只有优异者才能晋升，学校的制度和原则不能因为个别人而破例。"这种公平机制让李振杰看到了一个新生民办高校良好的办学秩序、严谨的组织机构和严格的运行准则，由此很快就产生了强烈的归属感，也找到了体现人生价值的机会。不久，李振杰就脱颖而出，走上了学生工作的领导岗位，一干就是将近二十年，如今已是校领导，成为扎根于南洋学院的典型代表和中流砥柱。

4. 人才荟萃

　　不论是教育家潘懋元老先生，还是公办名校退休的老领导李保义教授，抑或是初入社会的李振杰，都非个例，在南洋学院二十年的发展历程中，他们都是南洋学院的一员，是南洋奇迹的见证者和参与者。鲁加升以他敏锐的思想、富有远见的管理智慧和丰富的办学经验，邀请了一大批曾在全国著名大学和教育行政部门担任过重要职位的老领导来南洋学院担任要职，使得南洋学院在领导层面不仅扩展了人脉，还极大地提升了在全国的影响力，真正成为全国"高校名流"的汇聚之地，而被邀请者也因为加入南洋学院而深感自豪。

　　在众多教育专家和老教授、老领导的通力协作下，南洋学院逐步建立起了科学的人才评价机制，树立了正确的人力资源理念。学校实施人才强校战略，重视对高层次人才的引进和培养。首先，在对人才的引进中创新人才理念，不能只看学历和职称，要综合衡量人才的整体实力；要拓宽招聘渠道，放眼国内和国际人才，灵活聘用机制，以专兼职结合等方法提高高层次人才引进的效率。其次，建立了人本化的分类激励机制，建立激励性的薪酬制度，着力提高高层次人才的工作积极性。在绩效工资的构成上充分体现重实绩、重贡献的原则，区分全职与兼职人才，对短期聘任的人才实行协议工资，根据短期效果确定工资水平；对于全职人员延长考核期，注重长期激励和延期分配，通过情感激励、政策激励等多种方式，为高层次人才量身定制保障政策，解决其后顾之忧。最后，创新用人机制，建立公开招聘、公平竞争，严格考评制度，在南洋学院内部形成以能力和业绩为导向的，科学、公正、合理的工作考核评价机制，从而激发全体教职工的个人潜能，同时，以福利政策引进人才，促进学校的全面发展。

　　在各种优惠政策的吸引下，在公平竞争机制的依托下，随着南洋学院生源的逐渐增多，人才也趋之若鹜，优秀的南洋教师队伍，大致由三部分组成：主体是从福建省、厦门市各高校和企业聘任的优秀教师；骨干力量是从清华大学、厦门大学、西北工业大学等"985"、"211"工程大学聘请的教师；在主体和骨干之外，南洋学院每年亦从国内外高校选拔优秀毕业生，培养他们成为第二梯队的接班人，这些后起之秀，在南洋精神和南洋文化的陶冶与锤炼下，迅速成长为南洋学院办学的顶梁柱。学校在激烈的人才竞争中获得了长足发展的优势，王豫生、康乃美、范骏义、黄润理、王公望、崔宗涛、张东宏、何卫华、钟石根、王慧军、林莉、曾艳、钟丹、许爱云、吴香珍、杨天松、纪华杰、章卿、游陈盛、王伟、肖明、陈世华、陈素华、贺健强、那振春、余永强等等一大批有识之士，先后加入到了南洋学院的建设与发展进程中，成为南洋学院发展史上不可或缺、无可替代的重要力量，南洋学院也因他们的参与而稳步高速发展，是这些学者教授们的加入让南洋学院越来越精神饱满、充满活力，而南洋学院这个平台也在一定程度上成就了他们，让他们每个人的人生价值得到更充分的彰显，二者相辅相成，互生互长。

2001 年 9 月，潘懋元先生到南洋学院
指导办学

与深圳原市委书记厉有为（左）
同时获得新时代中国改革之星称号

第七章

腾飞中的南洋学院

7

1. 筹建翔安新校区

南洋学院经过四年的迅猛发展，在教学改革、专业影响力、内部管理、校园氛围等多个方面都取得了令人瞩目的成绩，学校的办学条件和办学水平也得到了极大提升，然而，以南洋学院为典型代表的所有民办高校，都仍然面临着"不被大众认可"的被低估窘境。鲁加升根据这一现状和切身感受，对中国民办高校面临的问题做了细致地分析，他认为：中国民办高校是在完整的公办高等教育体系之外发展起来的，虽然在法律层面，国家给予公办、民办高校平等的法律地位，但在运行和实践过程中，公平、规范的政策环境依然没有建立起来，民办高等教育发展的许多运行机制并没有得到法律和政策的保障。其次，从生源角度来说，社会各界对民办高校的在校大学生有一种"另眼相看"的误解，人们普遍认为民办高校都是那些落榜的学生上的学校，因此生源质量低，学生素质差。尽管以南洋学院为代表的民办高校在发展规模效益的同时，侧重于质量内涵发展战略，并以超高的就业率向社会证明了民办高校毕业生的实践能力和服务技能，但在社会转型期间，倾向于看短期和外部成绩的社会大众，仍然对民办高校学生存在着偏见，而在这一基础上，同样也对民办高校冠以"营利"的有色认识，而忽略了其公益事业的办学根本，从而对其办学水平仍存质疑。另外，随着民办高校的崛起，民办高校本身出现了良莠不齐的混乱局面，个别民办教育的投资者急功近利，注重经济效益，对教育投入较少，不注重学校的长远发展，导致了一部分优秀的民办高校的成绩被拉低。这都在一定程度上损害了民办教育的社会形象。

基于这一思考，鲁加升在行政工作之余，撰写了《质量是民办教育的生命之源》一文，发表后在民办高校界引起强烈反响。鲁加升认为，在未来几年，中国民办学校在数量上将会有一个更大的发展，随着学校数量的增多，民办学校不可避免要遇到更激烈的竞争，既有民办学校之间的竞争，也有民办学校与公办学校之间的竞争。从表面上看，这种竞争主要表现在争夺生源方面，但是从根本上看是教育质量的竞争。"只有通过各种措施提高和保证民办教育质量，才能进一步缩小民办教育和公办教育之间的差距。"而要想纠正社会偏见，得到社会承认，最有效的途径就是保证教育质量，努力提高人才培养质量，为社会培养高素质人才。只有这样，民办教育才能真正在社会上树立起良好的形象。

鲁加升清楚地认识到了这一现状，他觉得只有奋力提升南洋学院的各项办学指标，提高教育质量，才能吸引更多的生源与人才，形成良性循环，只有将南洋学院脱颖于鱼目混杂的普通民办高校泥潭，才能清者自清，才能以特色和综合办学实力向社会证明南洋学院的非同凡响。因此，在经历了第一阶段的稳步发展后，鲁加升便开始思考南洋学院资源整合、转型提升的下一步计划，他将目光从厦门岛内转向了岛外的广阔区域。经过多方奔走和洽谈，2004年9月9日，在第八届中国投资贸易洽谈会上，鲁加升代表南洋学院与厦门市翔安区政府正式签约，拿到在政府大学城划拨的规划用地600亩，南洋学院正式开启了新校园的实质性设计、筹建计划。

重起炉灶，盖一所现代化、标准化、国际化的一流大学校园对刚刚站稳脚步的南洋学院来说，并不是一件易事，涉及人力资源的调配、与政府部门的衔接、与被征地农民的协商以及天文数字一般的周转资金，这让鲁加升仿佛再一次回到了南洋学院初创时的艰难和困境之中。

首先遇到的问题是，政府虽然批了规划用地，但要将地拿到学校自己手里，才能进行前期建设，而这个过程看似简单，却又十分艰难。鲁加升立即着手成立"南洋学院新校基建办公室"，专门负责建校事宜。但征地问题依然迟迟得不到妥善解决。

这时候，发生了一件大事。从2002年开始，在南洋学院立足发展的过程中，在鲁加升的帮助下，鲁加升的姐弟妹妹们，除老三鲁加坤从部队转业后在睢宁县城上班之外，其余五个都陆续来厦门创业发展，各自的事业也都刚刚起步。不幸的是，鲁加坤在做完脑部手术十年后，病情恶化，最终撒手人寰。鲁加升与大家一同回家料理大弟弟的后事。大弟弟的过世，令鲁加升悲痛欲绝，他一面沉浸在无限的哀痛中，一面还要管理南洋学院的日常运行，还要为新校区的筹建多方奔走，这就像是宿命，在鲁加升的人生中，每遇大事，都会有意想不到的更大的艰难与他不期而遇，命运从来都是在他最艰难的时候雪上加霜，而鲜有锦上添花。但饱经风雨的鲁加升，仍然以他坚强的臂膀，撑起了整个家庭的重担和南洋学院转型期间的困顿，他知道，每一次负重前行，都是命运对他的考验，也是他所必须经历的挫败，接受这一切，而不屈服于这一切，才是人生拼搏的要义。在鲁加升的帮助下，鲁加坤的儿子鲁威初中毕业后先读完南洋学院再参军，复转后又回到厦门创业。鲁加升以一己之力尽可能地帮助每一个人，像对待自己的儿子一样对待每一个小辈，他的和善、仁爱也得到了小辈们的敬重和尊崇。鲁加升的为人处世之法，影响着家里的每一个人。

2. 征地与设计

2005 年，鲁加升的小弟弟、31 岁的鲁波正式走进了南洋学院人的视野。那时候，鲁加升在新校区的征地过程中极为不顺，于是便想到吃苦耐劳而又拿捏得当、张弛有度的小弟弟鲁波。

他是鲁加升目力所及唯一适合的人选，在基建办止步不前的艰难之时，鲁加升只好请鲁波加盟帮忙。征地一事，南洋学院以企业的身份与政府对接，与被征土地的村民协调，在流程审批上耗费了不少时间，进程迟滞，而且基建办的工作人员都是南洋学院的聘用教师，与村民沟通常常进入"秀才遇见兵"的困境，工作中既不能另辟蹊径，也无协作经验，鲁波的加入，打破了僵局，征地工作多了一条腿走路，只用了三个多月的时间，规划土地就完全落实到了南洋学院的手中。

2006 年 1 月 16 日，在厦门市翔安文教区，南洋学院新校园开工典礼正式举行，3 月初开始破土施工。为了打造校园特色，结合规划用地内的自然资源，鲁加升决定在原有"山水"条件的基础上，保留一山两湖的原貌，整体设计，构建山水田园式的生态校园，他希望新校园能体现出南洋学院的奋斗历程和扬帆远航的宏大志向，整体美观而又不拘泥于固定模式，既要有中国传统文化的内涵，又要有国际化的外延……总之，他心目中的大学校园，是不同于国内现有大学的另一种设想，必须是翔安高教园区地标性的建筑之一。在校园的规划设计招标过程中，鲁加升"复杂"的设想吓退了很多设计公司。

当然，鲁加升在新校区设计上的"复杂"设想，并不是突发奇想，而是在这之前，他前后跑遍了国内外近百所大学，他清楚地意识到，作为一所新时代的新校园，不能像百年名校那样拼文化底蕴和文脉传承，也不能像国外一些由大财团投资的私立学校那样拼财力和面积，更不能像普通高校那样凌乱凑合，他的复杂总结起来，其实也无非是美丽实用、有南洋自己的特色、要现代化却不能夸张落俗，更重要的一点是，即使再过若干年，学校也要彰显年轻与时俱进的本性。在这一宏观前提下，最终有同济大学设计院、东南大学设计院、上海一家设计院和瑞士 LEMAN 建筑师事务所等参与竞标，进入由南洋学院聘请的专家组成的评审会进行评审。按照国内标准，严格流程管理，评定出某国内设计院的方案为第一名，瑞士 LEMAN 建筑师事务所为第二名。评审会随后对瑞士建筑师事务所的既往业绩做了研究和考察，觉得他们在建筑布局、通风采光、节能环保等方面的设计理念更胜一筹，而某国内设计院的方案过于传统，缺乏现代气息。评审会认为，一所高校对综合环境的要求相比于其他建筑要更为"苛刻"，校园不仅要讲究实用性，更要讲究环境育人、教书育人、服务育人及管理育人等多个方面的因素，只有将这些细分环节有机统一起来，才能让学生有"以校为家"的优越感和舒适感。经过再三复议和讨论，南洋学院最后还是选择了瑞士 LEMAN 建筑师事务所——选择了他们设计的具有现代化的简欧风格方案。

3. 再现奇迹

令人惊讶的是，新校园从 2006 年 3 月开始动工建设，当年 9 月初就要投入使用，让大一新生入住，这在所有人看来，都几乎是痴人说梦。鲁加升说："南洋学院就是要创造一个又一个不可能的奇迹，才能屹立于民办高校之林，没有南洋速度，就没有南洋学院领跑其他民办高校的可能。"

为了加紧工期，在危机到来之前顺利搬迁，无奈之下，鲁加升只好再次请小弟弟鲁波"出山"。有了上次的经验，鲁波知道哥哥肯定是碰到了棘手的事，这一次他没有犹豫，毅然放弃了风头正盛的啤酒生意，他十分清楚，这一次他将要彻底放弃自己打拼的事业，为了哥哥，他必须做出牺牲。鲁波来到南洋学院，任基建办副主任，深度参与新校园建设工作。

隔行如隔山并不是一句空话，开过酒楼，做过啤酒生意的鲁波，当他真正全身心投入到学校建设中来的时候，才发现于建筑一行，他空有一身抱负却什么也不懂，但他明白自己肩负的责任，与不服输的鲁加升一样，鲁波身上同样有着极强的抗压能力和学习能力，他硬着头皮接触基建办的工作，为了迅速熟悉工作，掌握建设的每一个环节，鲁波白天四处奔波，晚上彻夜学习图纸，很快就进入了工作状态，不到一个月，识图能力也达到了专业化的水平。在南洋学院工作的这些年里，身为基建办副主任的鲁波，每月拿2000 多元的工资，和南洋学院其他教职工同吃同住，还用自己的个人信誉在睢宁为学校招生做担保，他从来没有后悔过。他说为了哥哥的事业，他愿意放弃自己的生意，因为哥哥干的是惠及整个家族，福泽睢宁，造福整个社会的大事业，只有兄弟一条心，才能将事业做大做强。

在鲁波的协助下，南洋学院一期工程进展顺利，不足三个月就已经完成主体。然而，在房子封顶的时候，学校遭遇资金链断裂。在前期资金准备中，鲁加升向合作多年的银行借贷一个亿，用于首期工程款的支付，但原本答应好的贷款，却迟迟批不下来，这一下子就将鲁加升推向了两难境地，一旦工程队知道资金不到位，立马就会停工，这一耽搁就注定要将原定于9月搬迁的决定往后延迟，而期间造成的损失将不可估量。这一消息让鲁加升如坐针毡，一夜未眠，第二天满嘴急出了燎泡，但他还得与银行衔接，好在经过多方商榷，不久建设银行出手相助，贷款如期到账，工程如期推进。基于这一次"未成灾难"的经验，学校在随后的融资过程中，提前着手，分别以新校区宿舍收费权质押向中国银行借贷一个亿，向建设银行分两次借贷一亿三千万，度过了风险期。

2006年9月26日，厦门南洋学院翔安新校园一期工程建设完工并投入使用，一期工程包括：4栋教学楼、3栋宿舍楼、学校食堂和大学生创业活动中心。3000余名新生正式入驻，南洋学院仅用半年时间再次创造奇迹，开启了南洋学院发展史上的一个崭新时代。

4. 新校区的蜕变

在南洋学院建校史上，具有划时代意义的 2006 年，不仅仅是学校搬迁的伟大时刻，也是鲁加升个人蜕变的重要一年。

鲁加升在紧张繁重的工作之余，仍不忘学习和自我提升，他说："一个人的努力，不光要看他的外在表现，还要看他内在的永不松懈的学习，而只有通过不断学习，不断完善自我，才能获取前进的永不干涸的动力，这是成功的法则之一，没有捷径。"2005 年鲁加升报考北京大学硕士研究生，在深圳通过笔试考试，可惜的是，在面试之前，他忙于学校工作而没有时间做足准备，在面试环节遗憾败北，与心之向往的北大失之交臂。"失败了就表示我们没有做好充分的准备，并不代表我们就是弱者。""跌倒了再爬起来，才是真正的拼搏向上，才是真正的南洋精神。"鲁加升从不为自己的失败而找借口，他只知道，任何过程中的失误都不能作为结果借口，在失败和成功之间，没有第三种可能。他承认自己的失败，却向再一次成功做着不懈的努力。2006 年，他继续报考新加坡南洋理工大学的硕士研究生，一击即中，顺利成为新加坡南洋理工大学的一名在职研究生。他对"南洋"二字如此亲近，"南洋"也始终是他的福泽之处，就像是生命里注定的一次暗合，他终究与"南洋"二字逃脱不开。2008 年，鲁加升硕士毕业，不久又被推举为新加坡南洋理工大学福建校友会会长。

2006 年 5 月，一直跟随鲁加升默默无私奉献的鲁晓芹，在仙岳校区（之前的中侨大厦，一部分用作学校，一部分改做南洋学院自主营业的宾馆）举办婚礼。南洋学院全体教职工一起见证了这个美好的时刻，鲁加升也为妹妹送上了最为真挚的祝福。他知道，六年多来，一直手握着南洋学院招生办公室电话的妹妹从这一天起，将要开启新的生活，他为这么多年来，对妹妹疏于照顾而惭愧不已。

2006年9月之后，南洋学院加紧二期工程建设，陆续搬迁。如鲁加升预料的那样，在搬迁过程中，一些不良商家"趁火打劫"。莲花校区搬迁之时，二房东扣押了学校的教学设备和住宿设备，声称要借助南洋学院的东风，自己办学。鲁加升前后多次协商，无果，搁置三年后强行搬迁，双方发生冲突，无奈之下，鲁加升只好报案。之后，厦门市教育局局长亲自前来协调，二房东无理取闹，鲁加升据理力争，他对教育局局长说："这不是简单的损失财物的问题，而是关乎公平和正义，关乎南洋学院尊严的大问题。"局长认为鲁加升说得在理，督促对方承认错误，归还物品。但当对方向鲁加升道歉的时候，鲁加升却出人意料地提出要将全部物品捐赠给对方。鲁加升说："扣押和捐赠是两回事，如果他们不承认错误，我就会和他们争执到底。"双方在局长的主持下签订了捐赠协议，"就算是为后起的民办学校做贡献吧。"鲁加升此举一时被传为佳话。

何厝校区搬迁时，恰逢政府征用，房东企图瞒天过海，欺骗鲁加升，只给了南洋学院一少部分拆迁补贴，而被蒙在鼓里的南洋学院集体反对强拆，当时鲁加升正在福建省教育厅经办贷款批文，时任常务副校长的范骏义率众与拆迁队抗衡。及至鲁加升返回，报案，经过与公安局的数次协商，最后争取到了八百多万的拆迁补贴。

无独有偶，前方的火熄了，后方的争端又接踵而至，翔安新校区刚建校之时，周围群众不允许封闭学校，故意使坏，往学校偷倒垃圾，更有甚者，霸占学校的鱼塘养鱼。经过多次谈判，学校也付了赔偿款，结果周围群众拿钱不走，再次讹诈，如此再三，只好用强硬手段将其赶走。

如此的恶人恶事和波折，一桩桩，一件件在南洋学院的建设和搬迁过程中不断出现，像病毒一样平铺在学校前进的路上，让鲁加升愤怒而又无奈，焦躁而又气恨，这样的事，在中国民办教育的发展史上并非个例——民办教育要想在荆棘丛生的密林里趟出一路来，创办者和开拓者如果没有足够的勇气和坚毅的斗志，就会寸步难行，好在鲁加升持守信念，他常说："做好事，怕什么？该强硬起来的时候，就一定要有横刀立马的霸气和横扫六合的豪气。"这一路披荆斩棘，鲁加升在"好事多磨"中遍尝人间甘苦，从而悟出了后来刻在新校园墙上的南洋校训——勤奋求实，拼搏向上。鲁加升用这八个字总结了自己的创业经历，也用这八个字囊括了人间心酸，更用这八个字激励着南洋学院一代代的万千学子们。

至 2010 年 9 月 30 日，南洋学院正式告别了多校区办学的艰辛历史，全部搬迁至新校园。灿烂的"南洋学院"庄严肃穆地迎接着一个个慕名而来的求学学生，也迎接着一位又一位前来调研考察的上级领导和同行。崭新的面貌，数字型、环保型、生态型的新校园屹立于翔安文教区，接纳着所有爱它的人。

5. 更名"厦门南洋职业学院"

在南洋学院搬迁与蜕变的几年光阴里，亦是南洋学院收获荣誉和破茧成蝶的重要阶段。

不同的时期，有不同的荣誉，不同的荣誉都见证了南洋学院每一次前进的脚步。

2005年1月8日，中央教科所教育人力资源研究部联合北京中青世嘉教育机构、中国求学资讯网、《中国教师报》、《中国民办教育》杂志社等多家单位在全国民办高校范围内举办"首届中国民办教育评选"活动，旨在选出坚持社会主义办学方向，依法办学，社会声誉良好，对民办教育的改革和发展有突出贡献和成就的民办高校和具有杰出领导才能的民办高校校长。在这次评选中，南洋学院被评为"人民满意的民办大学"之一，董事长、院长鲁加升被评为十大"中国杰出民办教育家"之一。

同年5月21日，在北京召开的"全国民办高校就业工作经验交流会暨优秀院校表彰大会"上，南洋学院又荣获"全国大学生就业十强民办高校"称号；2006年5月28日，在由教育部中央教科所等单位联合举办的"民办高等教育教学质量先进单位"评选活动中，南洋学院荣获"中国民办教育教学质量20强"及"中国十佳诚信民办高校"称号；2008年1月8日，在由中国教育新闻网、中华网、教育部中国教育信息网等媒体联合主办的"2007年度中国教育年会暨中国年度教育总评榜"活动中，南洋学院又收获了全国"十大品牌民办高校"和"十佳和谐校园"两大荣誉。

2008年时值中国改革开放30周年，中国教育事业经过30年的艰辛探索，经历了治理整顿、改革开放、发展创新三大阶段，取得了举世瞩目的伟大成就。时势造英雄，一大批勤于奋斗、敢于冒险的中国教育家，积极投身于中国教育建设，成为中国教育发展改革的参与者、见证者和推动者，让中国成为世界上教育发展速度最快的大国。

值此纪念之年，2008 年 3 月，腾讯网、《现代教育报》和《中国民办教育》杂志社三大单位联合发起了"改革开放 30 年中国民办教育大典"评选活动，旨在总结回顾改革开放 30 年来中国民办教育涌现出的焦点人物、核心事件和优秀院校，回顾改革开放 30 年来中国民办教育发展与成长历程，总结发展过程中的经验教训，对改革开放 30 年来有特色、贡献突出的学校及人物进行表彰。评选活动历时近三个月，广大网友的参与热情高涨，更得到了包括中国高等教育学会、中国教育学会、中国教师奖励基金会、中央教育科学研究所教育研究部、中国教育技术协会中学远程教育委员会、中国人才研究会教育人才专业委员会、中央电视台、中国青年报等机构的大力支持及 50 余家平面及网络媒体的跟踪报道。

2008 年 5 月 26 日，"改革开放 30 年中国民办教育大典"颁奖盛典在北京大学百年纪念讲堂隆重举行，现场揭晓了"改革开放 30 年中国民办教育 30 名人"、"改革开放 30 年中国十大品牌民办高校"，"改革开放 30 年中国十大品牌独立学院"、"改革开放 30 年中国十大品牌教育集团"等多个奖项。南洋学院荣获"改革开放 30 年中国民办教育 30 名校"称号，董事长、校长鲁加升被评为"改革开放 30 年中国民办教育 30 名人"之一。

鲁加升和南洋学院在这次盛典中再一次成为媒体和公众瞩目的焦点，向全社会展示了南洋学院的综合实力和发展潜力，而鲁加升作为民办高校的代表，他为中国教育做出的贡献以及勇于奋斗的教育实践，加深了公众对中国民办教育事业的认知与关注。他是中国民办教育创新发展的卓越践行者。

随后，2009 年 12 月 16 日，在"回响中国"腾讯网教育年度总评榜——《六十年沧桑巨变，教育改变中国》评选活动中，南洋学院又荣获"2009 中国民办高校综合实力十强"称号。

这一个个荣誉加持着南洋学院，南洋学院也用自己的创新理念向社会证明着民办高校的办学实力和能力。鲁加升深知，一所学校，只有领导者真正全身心投入到教育事业中，关心学生，关心教职员工，关心学校发展，把"以人为本"、多样化的质量观落实到学生身上，做到素质教育和实用教育有机统一，加之民办教育办学的灵活性，根据不同时期市场的多样化需求变化调整和设置相应的专业，办出自己的特色，从关心、爱护学生的角度入手，建立人性化的管理机制，为学生的成长提供一个良好的成长环境。通过质量来吸引学生，再以适度的数量来反观质量，民办教育的规模发展才会有实际意义，学校的生机与活力才能持久，才能真正实现全面、协调、可持续发展。

在以"质量是民办教育的生命之源"的强烈意识下，鲁加升以"不放弃每一个孩子，不放过每一个细节"不断约束和激励自己，坚持"以内为主，以外促内"——以学校质量控制和自我表现评估为主，外部质量审核、专业认证和水平评估为辅，构筑起学校、社会、政府相结合的全方位的高校管理体系。在不断完善学校各项治理机制，加强教职工对学校的认同感，提高教职工工作的主动性和积极性的同时，以学校自我评估和同行评价为基础，以满足公众问询和提高办学质量为目的，建立南洋学院质量认证机制，从而提升学校办学水平，极大地提升了学校在社会的公信力。

在机遇与挑战并存的重要时刻，南洋学院积极推进学校、社会和政府共同参与的质量管理体系，以强烈的使命感、责任感、紧迫感，开拓进取，力争寻求南洋学院最好的着力点，终于将南洋学院的办学形式实现了由专修非学历教育向普通高等职业教育的蜕变。

2007 年 2 月 25 日，福建省人民政府正式批准南洋学院为国家高等教育统招院校（闽政文〔2007〕43 号），厦门南洋专修学院由此也正式更名为"厦门南洋职业学院"，从此成为一所教育部备案的、列入国家普通高等教育序列的普通高等学校。

南洋学院至此破茧而出，幻化成蝶。

2006 年 1 月，南洋学院的翔安新校园开工典礼

2006 年，鲁加升在中国民办教育发展年会上发言

新校区签约仪式

学生入驻新校园

建设中的图书馆

第八章

8

办人民满意的大学

1. 稳步发展软实力

在人才先行、质量保障、办人民满意的大学的宏观办学思路指导下，南洋学院因势利导，与时俱进，不拘一格引进高校管理人才，将最具创新意识的先进办学理念和最新鲜的学术研究氛围吸纳进学校的综合发展中，在不断提升学校硬件设施建设的同时，稳步发展软实力。

鲁加升邀请了黄润理担任南洋学院教务长、副院长等职，邀请曾历任厦门鹭江大学分校校长、厦门市工业学校校长兼书记的范骏义教授担任南洋学院副院长、常务副书记、工会主席等职。

2006年12月1日，在鲁加升的邀请下，旅美学者、教育学博士龚赋雷受聘南洋学院任执行院长，成为南洋学院第一个外聘的执行院长。龚赋雷教授硕士毕业于美国东北大学工商管理专业，后又继续深造获得教育学博士学位，历任美国杰克逊林恩学院教务长、美国政府IT项目主管、国际通讯跨国公司项目经理等职，曾在欧盟反倾销六方会谈、世界计算机年会等重要国际会议中担任主持人和专题演讲人，享有一定的国际声誉。在他的加盟和主持下，南洋学院的办学方向正式开始由国内向国际纵深外延。

2008年12月2日，中共厦门市委厦委〔2008〕44号文件批准成立中共厦门南洋职业学院委员会。2009年4月15日，厦门南洋职业学院党员大会隆重举行，大会选举洪敬、范骏义、何卫华、徐怀兰、沈苑为校首届党委委员，洪敬同志任党委副书记。

2010年8月16日，教育部高职高专计算机专业类教学指导委员会副主任委员、原河北软件职业技术学院院长贺健强教授受聘成为南洋学院第二任执行校长。

在此期间，在鲁加升和南洋学院副董事长、副院长潘恒曦的共同努力下，广发英雄帖，遍邀社会各界名士前来加盟，共创南洋学院新时代，其中有曾任西北工业大学电子信息工程学院教授和西安明德理工学院教务处处长、通信与网络技术系主任的王公望教授担任南洋学院教务长兼信息工程学院院长；原厦门大学新闻传播系研究生导师、中国第一个广告学专业倡议与创建者陈扬明教授担任南洋学院人文学院院长、《南洋报》编委主任；历任西北工业大学电子工程系教授，继续教育学院院长、中国航空工业部高级人才研修中心副主任、西安外事学院副院长的那振春教授担任南洋学院副院长，以及何卫华、林良裕、吴秀秀、廖传士、张德琳、崔宗涛等等一大批专家、教授、学者、转业军官。

2007年12月11日，央视体育中心播音组长、主任播音员孙正平，中国气象局首席气象服务专家、中国第一位天气预报电视主持人宋英杰两人，继相声表演艺术家牛群之后，受聘为南洋学院客座教授。

这些有识之士和艺术名家的加盟，充分展示了南洋学院宏阔的办学格局和超一流的办学成效，不但增加了学校的办学实力和内涵，也提升了南洋学院在国内外的综合影响力。

与此同时，南洋学院积极推进成立科研处，学校多个部门多措并举，鼓励一线教师在完成日常教学工作的同时，挖掘科研潜能，更多地参与科研项目研究，承接校企融合项目，拓展科研发展空间，为学校综合影响力的提升增添浓墨重彩的一笔。

在扎实有序推进学术活动的过程中，南洋学院先后涌现出了一批引领科研的重要成果和获得省部级奖励的优秀人才。其中以南洋学院基础课部主任林良裕教授的研究成果影响最大。林良裕教授是世界数学家联盟会员、中国数学会会员、美国数学会会员、厦门市思明区政协常委、中国民主促进会厦大总支主委、原系厦门大学数学系教授、研究生导师，退休后受鲁加升邀请来南洋学院任职，在南洋学院工作期间，学校为他尽力提供足够宽松的科研环境和多方面的大力支持。林良裕教授撰写的学术论文《B-M型积分的高价编导的普里梅公式》发表于国际一流SCI杂志《积分方程与分子理论》上后，引起了数学界的巨大反响。2004年8月22日，首届"国际复几何分析学术研讨会"在北京召开，林良裕教授受邀参加，并在大会上做了题为《B-M型积分的高价编导的普里梅公式》的报告，受到参会人员的一致肯定。

另外，2010 年 8 月 11 日，南洋学院高级工艺美术师、艺术学院副院长张宝胜副教授荣获"福建省第六届高等学校名师奖"，是当年厦门众多民办高校中唯一获奖的。

这些优异成绩的取得，标志着南洋学院如鲁加升设想和预期的那样一跃而起，荡尽初创时的稚嫩和羞涩，冲出热热闹闹的民办学校的洪流，跻身于国内知名民办大学的行列。

2. 勤奋求实

2008 年 7 月，鲁加升以优异的成绩从新加坡南洋理工大学毕业，取得硕士研究生文凭，尽管这一梦想的实现与他年轻时的设想滞后了足足二十年之久，但他从未放弃对自我提升的努力，"只有不断修炼自己，才能配得上南洋学院的高速发展。"鲁加升将自己的全部心血注入了南洋学院，而南洋学院也用它的一次次跃升激励着鲁加升不断完善自我。"我不能仅仅要求学生勤奋求实，拼搏向上，也不只是要求所有教师与时俱进，这种要求还应该落实到自己身上，学校的领导者，就应该为全校师生做出榜样，只有我登高望远，其他人才能感受到南洋精神的内生力量。"在这一人生斗志的鞭策下，鲁加升开始向博士学位冲击。

也就在这一年，鲁加升受省教育厅之邀，去厦门大学做访问学者，他怀着无比虔敬之心第一次真正意义上走进了厦门大学，用心感受，用心聆听，他明显感到了，这所学校正以它的宽厚和温和接纳他，拥抱他。于是，在某一个瞬间，他萌生了一个念头——报考厦门大学的博士研究生。随后，他认真复习，准备应考，然而不幸的是，他考了两年，都败给了外语。这一打击也让鲁加升清醒地认识到：南洋学院要办成一所与国际接轨的超一流大学，外语是必不可少的。就像是某种契合，他下决心必须攻克外语这个难关，为了自己，也为了南洋学院。于是，在接下来的几年里，鲁加升从头开始，埋头学习外语，他的业余时间有限，他就比别人早起一个小时，比别人晚睡一个小时，只要是闲暇之余，他都会挤时间背诵单词，做口语练习。鲁加升对自己的这种"苛刻"要求，让熟悉他的人都觉得不可思议，有人还劝过他："这么忙，事业做得这么大，为难自己干嘛？"鲁加升听了，也只是淡然一笑，他宁可做一个在别人眼中无趣的人，也不放松学习，他的心里住着一片大海，那澎湃的浪涛让他时刻感受着时间的珍贵。他知道，人生的丰富性便在于对不同生命历程的体验，这是一个领导者所必备的开阔，也是一个努力者所必须经历的考验。

功夫不负有心人，2014 年，鲁加升终于顺利过关，考进了厦门大学，成了厦门大学教授、著名教育家、中国高等教育学学科创始人潘懋元先生的博士生，那一刻，他无比欣喜，无比自豪。

3. 爱拼才会赢

鲁加升在每年开学典礼上都要奉送新生"四句话"：一是首先学会做人，其次学会做事；二是水平第一，文凭第二；三是不能太调皮，也不能太老实；四是要学会唱两首歌，一首是《国际歌》，记住从来就没有救世主，一切全靠自己，一首是《爱拼才会赢》。

对啊，生命不息，奋斗不止，而唯有努力才能有实现梦想的可能。鲁加升说："糟糕的坚持，比轻松的放弃更重要，一个优秀的人注重习惯，而只有那些随意放弃机会的人，才会将兴趣挂在嘴边。""你如果轻松地放弃了两次艰难的抉择，那你就一定是养成了不会坚持的坏习惯。"而坚持才意味着希望，才意味着成功。

鲁加升说到做到，在南洋学院迅猛发展的过程中，他又不断荣誉加身，这正是他二十多年来不断坚持的结果，也是他不断努力的回馈。

2010 年 10 月 11 日，由中华职业教育社主办的第二届黄炎培职业教育奖颁奖大会在北京举行。黄炎培职业教育奖是经国务院专项审核通过的职业教育领域重要奖项，由中华职业教育社根据职业教育发展的实际需要和自身特点于 2007 年创立。第二届黄炎培职业教育奖共评选出黄炎培优秀学校奖、黄炎培杰出校长奖、黄炎培杰出教师奖、黄炎培杰出贡献奖等多个奖项。鲁加升获得黄炎培职业教育杰出校长奖，受到党和国家领导人回良玉、杜青林、张榕明的亲切接见。

2011 年 4 月，鲁加升当选为福建省民办教育协会副会长。6 月，在齐齐哈尔，中国民办教育协会高等教育专业委员会召开了"中国民办高等教育优秀院校和先进个人表彰会暨首届全国民办高校学校文化建设经验报告会"，南洋学院被评为"中国民办高等教育优秀院校"，而鲁加升个人则被评为"中国民办高校优秀校长"。

2014 年 2 月 22 日，在厦门大学科学艺术中心举行的厦门市大学生创业促进会成立大会上，鲁加升被聘为名誉会长；3 月，在教育部国家教育行政学院召开的中国民办教育协会高等教育专业委员会第二届理事会换届大会上，鲁加升光荣当选为副理事长；4 月，鲁加升当选为厦门市中华职教社第四届社务委员会副主任，同时，又当选为福建省中华职业教育社第七次代表大会代表和中华职业教育社第十一次全国代表大会代表；9 月，任厦门市软科学研究会理事会执行会长。

2015 年 7 月 18 日，鲁加升当选为新加坡南洋理工大学福建校友会会长；2016 年 5 月 30 日，被电子工业出版社等单位联合聘为创新创业教育研究暨创新创业教育读本专家委员会副主任；2016 年 10 月，被新加坡南洋理工大学授予"南洋校友服务奖"；12 月，当选为翔安区第四届人大代表。不久，又在福建省民办教育协会第三届会员代表大会上当选为协会副会长；2017 年 4 月，中国高教学会大学文化研究分会成立大会暨大学文化高层论坛在清华大学召开，鲁加升作为全国民办高校的唯一代表应邀出席大会，成功当选大学文化研究分会常务理事；2018 年 3 月 6 日，鲁加升应邀参加教育部发展规划司举行的《民办教育促进法实施条例》（修订稿）征求意见座谈会，鲁加升作为全国民办高职院校的唯一代表参会，在会上畅谈了自己的民办教育经验和制约民办教育发展的多个问题，受到教育部规划司领导和与会专家的一致肯定；2018 年 3 月 24 日，鲁加升被聘为省雕塑学会数字化艺术专业委员会高级顾问。此前，他除了被评为国家部级优秀教师、当选省团代表会议代表、全国团十二大代表、市青联委员外，已三次当选区人大代表、市政协委员。

这一个个荣誉，既是一种肯定和赞扬，也是一种鞭策，一份责任。古希腊哲学家亚里士多德说："一个人的尊严并非在获得荣誉时，而在于本身真正值得这荣誉。"当然，鲁加升对得起这一个个来之不易的荣誉，这些荣誉，是他人生轨迹的见证，也是各个阶段的时代印记，是他长途跋涉在人生道路上的一个个脚印。面对这许多的证书和奖励，鲁加升眼前浮现的是过去生活和工作的一幕幕光景，有心酸，也有喜悦，有焦虑，也有欢呼。他说："成绩只能代表过去，在未来的路上，唯有砥砺前行，攻坚克难，以服务为业，以真诚为本，以奉献为荣，才能走出人生更加精彩的华丽乐章。"

他以此为荣，又以此激励着自己。

4. 十年校庆

　　人生的奇妙就在于，灾祸总是重叠而至，而幸福也会双喜临门。在爱情的甜蜜里，2010 年，鲁加升迎来了南洋学院发展的第十个年头。在六合归一，全部搬迁完成的翔安新校区里，南洋学院隆重举行了建校 10 周年庆典活动。

　　而就在校庆准备工作如火如荼的紧要关头，鲁加升的小女儿也想来"看一看这盛大的庆典"，妻子待产在即，鲁加升只好从千头万绪中抽身出来，于 10 月 28 日那天，送妻子去香港待产，因为出发得迟，他们晚上只好在深圳住了一宿，29 日才到香港。

　　如此盛大的活动，也是南洋学院办学史上第一次最为盛装的庆典，缺少鲁加升这个灵魂人物肯定不行，鲁加升只好安顿好妻子后，于第二天一早，立即返回南洋学院统筹校庆活动。31 日上午，鲁加升如期参加了在学生活动中心礼堂召开的校友会预备会和成立大会，并于下午参加了校友座谈会。

　　2010 年 11 月 1 日上午，南洋学院运动场上空彩旗飞扬、气球飘荡，五彩的校园沉浸在一片欢乐的海洋里。南洋学院执行校长贺健强主持了建校 10 周年庆祝大会。9 点 30 分，贺健强宣布厦门南洋职业学院建校 10 周年庆祝大会开幕。在雄壮的国歌声中，国旗冉冉升起，与会来宾、海内外校友、社会各界朋友和南洋师生高唱国歌，纪念大会正式开始。

　　为了这次大会，鲁加升在妻子即将临产的惊喜和紧张中，熬了几个通宵，为了表达各级政府、社会各界多年来对南洋学院的关注和支持的感谢和崇敬之情，鲁加升借此机会邀请了各级党政领导和国内外友好院校有关领导、社会各界知名人士、专家学者、企业主管、新闻界的朋友、学校校董及南洋学院优秀校友、学校现任领导、老领导、师生员工等近 1 万人参加了大会。

不能前来的领导和各界朋友也纷纷发来贺信，对南洋学院全校师生员工和各届校友表示热烈的祝贺和诚挚的慰问。亦有西北工业大学、沈阳航空航天大学、福建医科大学、北京城市学院等数十所大学发来了贺信贺电，祝贺厦门南洋学院十年华诞。

全国人大常委、原福建省人大常委会副主任林强在贺信中说："厦门南洋学院自 2000 年建校以来，励精图治，艰苦奋斗，以培养外向型、应用性、复合型人才为己任，凭借独具特色的办学理念和办学经验，经过短短十年努力，发展成为一所有特色、有品牌、有规模的民办大学，为社会培养了大批优秀人才，成为福建省民办高校的中坚力量，得到了家长、学生的信任和社会各界的高度评价。当前，国家科教兴国和人才强国战略的实施为高等教育事业发展提供了前所未有的机遇。在新的发展阶段，希望南洋学院能秉承锐意创新、与时俱进的精神，不断提高教育教学水平和综合实力，实现更高层次的办学目标，为厦门、为全国经济社会发展输送更多、更好的人才，在今后的发展中实现跨越，再创佳绩！"

福建省教育厅在贺信中高度赞扬了南洋学院"认真贯彻党和国家的教育方针，坚持社会主义办学方向，秉承'以人为本，特色办学，全面育人'的办学理念。"高度肯定了南洋学院经过"自力更生、艰苦创业"所取得的显著的办学成效和所积累的丰富的办学经验，认为南洋学院"为促进福建省民办高等教育事业发展、为社会培养大批高技能人才作出了积极贡献"。同时，也对南洋学院寄予了希望："在此新的历史起点上，希望南洋学院能认真贯彻落实《国家中长期教育改革和发展规划纲要（2010—2020 年)》，坚持以服务为宗旨，以就业为导向，走产学研结合发展道路，进一步深化教育教学改革，加强教学建设，不断提高教育质量，努力办出民办高等教育的水平与特色，为福建省及厦门市经济社会发展做出更大的贡献！"

期间，各界名士纷纷为南洋学院惠赐墨宝：全国政协原副主席陈宗兴主席为庆祝南洋学院建校 10 周年题词"以人为本，教育报国"；国家质量技术监督总局副局长、厦门南洋学院顾问委员会主任蒲长城先生题词"质量第一、特色办学、打造品牌"；潘懋元教授题写了"十年建校创业维艰，苦练内功实至名归"的鼓励佳句。学校借此机会，还对从建校之初一直与南洋学院并肩战斗的教职工和学校领导予以表彰。

另外，校友会及长期与南洋学院合作的企业也对南洋学院进行了捐赠。南洋学院 2004 届毕业生、《财富经济》杂志社社长、慧赢科技公司总经理郑智勇为感谢母校的培养，支持更多的学生成才，向母校捐赠 100 万元人民币，设立"南洋学院慧赢教育创业基金"。汉鼎电气实业（厦门）股份有限公司作为南洋学院长期合作伙伴，董事长陈建群先生捐赠 20 万元人民币设立"汉鼎奖学金"。

鲁加升在校庆大会上，代表校董事会、校领导和万名师生，向莅临大会的各级领导、嘉宾和各界人士；向曾经在南洋这块热土上辛勤耕耘的老领导、老同事；向热情关注、支持南洋学院教育事业的校友，表达了最热烈的欢迎和最诚挚的感谢和敬意。鲁加升对十年来的办学历程做了梳理和回顾："南洋学院之所以有今天的发展，在于'五个坚持'的治校方略：即坚持高等职业教育定位；坚持教育理念与教育实践的创新；坚持以质量与特色取胜；坚持以就业为导向；坚持党对学校工作思想政治的领导。"他说，"十年来，学校探索总结了具有南洋特色的学生管理体系，校园环境、办学条件有了全面改善，文明和谐工作，维护校园的安全稳定，党团建设得到加强，政治核心作用明显。坚持依法办学，注重学校规范化建设，推进教育教学改革，提高教育质量与办学层次，积极做好人才培养评估工作的准备工作，学校招生就业工作取得良好成效。"在对未来的不断提升办学层次、不断优化办学结构、不断提高办学质量、不断扩展丰富校园文化体育活动等方面，鲁加升充满了信心。

在庆典大会落下帷幕的激昂旋律中，鲁加升匆匆再赴香港——他是幸运而幸福的，小女儿牛妞于 10 月 30 日平安降生，母女安好。

在连日操劳和长途跋涉的疲累中，鲁加升望着熟睡的女儿，一颗多日来悬起的心终于放下了，他坐在床边的椅子上很快就睡着了，依然虚弱的妻子不忍吵醒他，就那样柔情地看着他——她理解并支持他的事业，即使在她最需要丈夫陪伴的时候，她也会尊重他的意愿。妻子对鲁加升的体谅让他一直心存感激，但他从没有向她袒露心扉。心有灵犀且相敬如宾便是如此吧。

5. 跨越式发展

自 2010 年以后，南洋学院翔安新校区成为南洋学院六合归一的办学根据地，学校在整体以加强环境建设、实现育人功能的基础上，尽可能为广大师生营造集生活、休闲、娱乐一体化的"数字型、环保型、生态型"校园，学校又拓展出数十间教室、在公寓楼拿出一百多间宿舍的空间建成学生活动、讨论、休闲区。此外，还投入一千多万元建设学生创业活动中心，后又投入一亿元建设三幢实训大楼，学校各项建设逐步完善，校内湖光山色，碧树成荫，绿草如茵，名贵树种近百种，一年四季繁花似锦，景色优美。特别是在凤凰花开的季节，每年都会有很多影视公司在南洋学院取景拍摄，慕名者络绎不绝。

2012 年，南洋学院被评为厦门市"绿色校园"。2015 年 2 月 10 日，经厦门市绿化委员会等单位联合考核评定，南洋学院被评为厦门市 2014 年度"花园式单位"，成为厦门市唯一获此殊荣的民办高校。

2015 年 7 月 11 日，美国库克大学中国总校区黄天中校长一行来南洋学院参观考察，随后在库克大学圈里对南洋学院很是推崇，2015 年 10 月 26 日，美国库克大学学术副校长兼教务长保罗·福斯特尔博士一行再来学校考察，对南洋学院校园的文明和学生的综合素质之高连连称赞，并盛赞南洋学院环境优美，直呼风光堪比其母校——美国夏威夷大学。

2016 年 3 月，南洋学院又被厦门市社会管理综合治理委员会办公室、厦门市教育局、厦门市公安局三家单位联合授予"4A 级平安校园"称号，并获颁"4A 级平安校园"牌匾。

其后，南洋学院在校园硬件建设紧跟时代步伐、与国际接轨的同时，在办学内涵上也实现了跨越式发展，在多个领域取得了突破性进展，国际合作办学实力日益大增，成为中国民办高校走向国际化的一流代表。

而早在南洋学院办学之初，鲁加升就开始积极寻求国际合作机会，为南洋学院向世界教育的中心行驶投石问路。2002年，南洋学院先后与美国普莱斯顿大学等高校建立合作关系；2004年10月18日，又与美国格林瑞福社区学院签署合作协议。2010年3月10日，美国皇冠大学校长Rick Mann博士前来南洋学院参观访问，与鲁加升就有关积极促进中美文化交流、合作办学等事宜进行了深入交流。

2011年1月6日，福建省政府外事办、教育厅和公安厅联合下文批复《关于同意厦门南洋职业学院招收外国留学生资格备案的函》。至此，南洋学院正式取得招收外国留学生资格，为开放办学走出了重要一步。2016年3月10日，南洋学院与美国圣伊丽莎白学院签订了合作办学协议；2019年，南洋学院又与美国库克大学签定联合办学协议，与英国西英格兰大学、澳大利亚纽卡斯尔大学、韩国嘉泉大学等联合培养人才。

近年来，南洋学院努力与国际教育接轨，充分发挥6位海外校董的优势作用，目前已与美国、加拿大、新西兰、新加坡、马来西亚等国家的20余所院校建立联系，与美国普莱斯顿大学、美国格林瑞佛学院、加拿大剑桥国际学院、加拿大哈里斯学院、新西兰基督城理工学院、新加坡华夏管理学院、英国西苏格兰大学、澳大利亚纽卡斯尔大学及韩国的多所大学签定了合作办学协议，学生在国内完成相关课程后，可择优推荐到国外继续深造取得本科、硕士学位。南洋学院还与台湾8所大学联合开展"校校企"特色人才培养。

海阔凭鱼跃，天高任鸟飞。南洋学院在逐步走向国际化进程的同时，也收获了许多国内的荣誉。2012年4月27日，厦门市人力资源和社会保障局召开"全市职业培训工作会议"，南洋学院鉴定站喜获"厦门市职业技能鉴定工作先进单位"称号。2013年1月11日，经厦门市服务外包实训基地认定小组严格评审并报厦门市服务外包领导小组办公室审定，南洋学院被认定为"厦门市服务外包人才实训基地"。2016年3月1日，福建省教育评估中心官方发布《福建省普通高校发展潜力报告（2016）》，南洋学院与厦门大学分别位列全省民办高职院校和公办高校第一名。2018年4月21日，在北京召开的全国高校人力资源管理专业委员会成立大会暨新时代高校人力资源管理论坛上，南洋学院同北京大学、清华大学、中国人民大学等国内"双一流"大学一起，被推选为理事单位。2020 年 4 月 29 日，教育部公布全国高职院校"双师型"师资队伍建设典型案例，南洋学院成为为数不多位列其中的民办高职院校之一。

在南洋学院自身不断开拓进取的同时，鲁加升又极力开拓第二市场，打造以南洋学院为中心的"南洋教育圈"。2017 年，鲁加升开始在上海精心筹建南洋学院学前教育专业群实习基地。经过一年多的努力，于 2018 年 10 月 18 日，南洋学院与有着近 150 年历史的英国老校伊璞公学合作创办了的上海伊派幼儿园迎来盛大开园典礼。2019 年 5 月 22 日，厦门南洋学院与徐州空港经济开发区签约，联合创办徐州航空航天学院和徐州航空航天公园。南洋学院开始走纵深外延的发展道路，鲁加升心中的教育图景也越来越宏阔，越来越辽远。

鲁加升参加中华职业教育社全国代表会议

美国库克大学校长一行来访

第九章

中国民办高校的领跑者

9

1. 爱与适合的南洋教育

在二十年的办学实践中，鲁加升长期倡导并致力于教育理念与教育实践的创新，对教育事业的研究与探索有着苦行僧般的执着与虔诚。他说："教育事业是公益事业，也是爱的事业，需培育未来，要胸怀博爱。"

爱至上是南洋教育的根本，对所谓"问题学生"的纠偏改正与超常规培养是南洋学院一直以来遵循的原则。曾有一名来自祖国西北的失足少年，先后去了七个不同学校求学，均被拒之门外，最后被南洋留下就读。对此，鲁加升意味深长地说："他还是个孩子，未成年犯错，提前两年出来就说明这孩子在向好的方向转变，他想学习，我们为什么不给他这个机会？谁会把自己的孩子拒之门外？教育者必须担起社会责任，教育好一个孩子，就是为社会积蓄一份积极向上的力量。"三年南洋学习结束，这位少年不仅养成了良好的行为习惯，为人处事自信勇敢，被同学推选为学生会干部，而且取得合格成绩顺利毕业，成了一名自食其力的社会劳动者。

还有一名农村学生，中学阶段沉迷上网，就读南洋电子商务专业后仍痴迷游戏，除了计算机课程突出，其他各科成绩都很一般。鲁加升得知这一情况后，特别嘱咐任课教师激发他特长课程的学习兴趣，发挥他在计算机方面的天赋，最终成功引导他投身游戏软件开发行业，大三校外兼职月收入就近万元，毕业时已成为计算机应用专业人才，被国内一家知名企业高薪聘为部门经理，毕业当年年薪就达到 20 万元。

不抛弃，不放弃，也是鲁加升办学的初衷，多年来，在他的倡导下，南洋学院接收了不少一时犯错失足的青年学子，在学校的纠正培养下，在全体教师的呵护培养下，他们一个个都以优秀的成绩走向了社会，走上了人生的正轨，很多都成为了企业的中坚力量。鲁加升说，职业院校的孩子最缺的就是爱，多给他们一点爱，给他们适合的教育，他们都会变得优秀。

南洋学院对残疾学生始终给予特别的关爱和帮助。厦门本地女孩林婕，患先天性脑瘫，走路不稳，不能说话，生活几难自理。进入南洋学院后，她增强了生活自理能力和对未来生活的自信心，在校时即被评为"感动厦门十大人物"，毕业后成功到大国企厦门路桥集团就业。莆田男孩叶建凡，身无双臂，在校期间当选班级学习委员，参加多个学生社团，频频参加各类体育竞技大赛，至今已参加五次全程马拉松赛，成功挑战厦门—三亚、川藏线、新藏线等三次长途骑行，总里程达到 11000 多公里，还以 6 小时 46 分的成绩顺利完成"超级铁人三项"比赛。身残志坚的事迹得到了国家、省、市等主流新闻媒体的海量报道。

在爱心教育上，南洋学院还重点把目光投向贫困地区，力争为贫困地区、重点灾区学生送温暖、伸援手。2011 年，学校在闽东地区投放 300 名招生指标，全部招收免费生。2020 年，考虑到新冠肺炎疫情造成的影响，学校又减免 50 名湖北籍新生第一学年的学费，同时对贵州、甘肃、宁夏、青海、陕西等西部省份困难学生给予特殊奖励。

鲁加升说："也许做企业，我可能赚很多钱。而办教育，我最大的盈利是人才——我们培养的学生服务于社会，这是一个永远的回报，永远的精神享受。""投身教育，就是播种希望、投资未来。"一席肺腑之言，道出他热心教育、爱心育才的责任所向、初心所在。

信息时代的教育，"学生为本，教师为梯"的特质与倾向更加明显，鲁加升提出建设"一所负责任的大学"、"办好一所负责任的大学，需要 30 年、50 年、100 年甚至更长时间的努力"。为此，鲁加升在学生管理与学生发展方面点滴用心，不断创新，具体体现在教育服务行为上，细化到学校建设行动中。

管理老师"严"当头，关爱学生"爱"满园。平日里，鲁加升对教师员工说得最多的话是："假如你自己的孩子在这里学习，你会怎么想？你会怎么做？若对自己的孩子这样做你会心安吗？"在南洋校园的每一个地方，都能感受到对学生的关爱。只要招聘教职员工，他再忙也要亲自面试考核，严格把关，他说他最关注的是"有没有爱心"。他还经常利用下班或周末休息时间走访学生宿舍，问询学生生活状况。他积极支持推行成长导师制和学生助理制，每年联系 20 名学生作为自己辅导的对象，定期与他们交流，了解情况、解决问题，做学生的良师益友，引导他们养成良好的行为习惯；支持选派优秀学生做教职员工助理和公寓管理助理，拉近师生距离，让学生体验岗位工作实景，增强职场角色转换的能力。

鲁加升常说："怎样看待学生，请什么样的人来培养教育他们，用什么样的方式培养教育他们，是教育理念与教育实践创新的关键。"在他眼里，"只有不称职的教师，没有不成才的学生""人人是才，人人皆可成才"。他的使命，就是通过创新教育实践，让"人人尽展其才"。

2. 三型特色

与传统大学相比，厦门南洋职业学院是一所与信息网络技术同生共长的新兴高校，以建设一所"不一样的大学"为目标，着力打造"创新型、创业型、开放型"办学特色，重点培养长于创意、创新、创业的技术技能型人才，为创新教育、开放办学作出积极而有益的探索。

2012年起，在国家倡导"大众创业、万众创新"的大背景下，学校正式提出、确立并着力打造创新型、创业型、开放型"三型"办学特色，对学校基础建设、行政管理、教学改革和学生发展等软硬件进行多方面有针对性地布局、施策。

南洋学院在推行大部制创新行政管理的同时，实行全员竞聘制度。校级领导以下的所有行政管理和教学人员（包括后勤人员）每三年开展一次"全员竞聘"。通过"定岗定编、自愿报名、组织审查、参加竞争、群众评议、公示反馈、择优录用"等程序，最终确定各岗位的录用人员。竞聘过程中，不论资格，无论亲疏，"能者上、庸者下"，增强员工的危机意识和竞争意识，调动员工的积极性和创造性。坚持每年召开"双代会"（教职工代表大会与工会会员代表大会）。事关学校发展重大问题、改革方案、规章制度和涉及教职工切身利益的重大事项都通过双代会开放讨论、审议通过。

在创新教学管理上，积极构建"四有"好老师培养体系，成立教师发展中心，搭建教师职业发展规划、培训、学术交流、教学改革与研究平台，促进教师发展；开展"教学名师"评选活动；实施"南洋学者计划"；实施教师发展"五阶梯"，即教坛新秀、双师型教师、骨干教师、教学名师、南洋学者，每个阶梯培育期为三年，三年培养期考核合格后自动进行下一个阶梯的培养；在二级学院推行企业高管或高级人才兼职副院长制度，参与制订专业建设规划、人才培养方案、课程标准，参与师资队伍和校内外实训基地建设，提高人才培养与企业需求的契合度，提高人才培养的竞争力；与行业企业共建"高水平特种机器人及自动化设备产学研用厦门基地"、电影产业学院、轨道交通学院、橱柜学院、无人机学院、凤凰传媒学院等多个产业学院；实施红专发展规划，重点建设培养"双师型"教师队伍。

在紧抓管理和教师制度的基础上，学校强调培养外向型（会外语、懂外事、懂外贸、懂外交礼仪、知晓国内外形势）、复合型（知识结构的多元化，适应多岗位工作）、应用型（学好书本知识，有较强的动手能力和适应社会的能力）"三型人才"。为达此目的和要求，学生勤工助学的先后顺序和单位类别大有讲究：先要到四星级、五星级酒店餐厅当服务生，培养服务精神，熏陶职场氛围，养成良好的行为习惯；再到大商场或广告公司当营销员，训练听说能力，增强市场意识，提高市场竞争能力；再到与自己所学专业或将来要从事的职业接近的岗位工作。

通过长期的狠抓落实，南洋学院"三型"特色建设成效显著，"三创"基础得到有力夯实，学生在全国大学生创业大赛中申报项目屡创新高，学校创客家园被评为"福建省众创空间"，新华社厦门创客大学落地学校，学校涌现出一批毕业即成功创业的创业明星，如学生创办的全国第一家"互联网+家政"公司，引领家政行业走上"互联网+"道路，其标准化服务助推规模化发展，被国家发改委作为典型案例向全国推广。勤工助学模式被广泛推广，学校首创的勤工助学模式被复制到许多高校，已成为厦门企业的一种临时用工模式和厦门市高校的勤工助学模式，也成为南洋学子的就业门路和创业捷径。不少毕业生通过勤工助学，提前实现角色转换，为工作就业打通一条便捷之路。尤其是学校做到了只要学生申请，就能够保证为每一个学生随时提供晚上、节假日、寒暑假兼职工作的勤工助学的岗位。

面对新时代、新形势，鲁加升以实际办学行动将"教"与"育"二者科学融为一体，以敏锐的洞察力分析市场，充分发挥民办高校机制灵活的特点，走出"三型"特色办学之路。南洋将继续总结和探索创新教育和特色化办学道路，提高其可复制性，促进民办高等教育的健康可持续发展。

3. 三元制

南洋学院总结并推广"六个坚持"治学方略：坚持高等职业教育的定位，坚持教育理念与教育实践的创新，坚持以质量和特色取胜，坚持以就业为导向办学，坚持党对学校思想政治工作的领导，坚持走现代化、国际化、开放式办学之路。

在这一思想指导下，南洋学院创新推行"三元制"人才培养模式。三元制人才培养模式，是勤工助学人才培养模式的第二代升级版、二元制人才培养模式的南洋化。在二元制人才培养模式的基础上，调动学生的主动性、创造性，把学生作为独立一元加入二元制，学校、企业、学生成为三元培养的主体，"师傅""教师""学生"三元教学，"学校""企业""学生"三元管理、三元评价，"全日制教学""非全日制教学""勤工助学"三元学制共存，弹性学制、可转化学分，课程体系由"学校""企业""第三方机构"三元建构，在产、学、研三元一体及工学交替中具体实施。学生毕业时取得毕业证书、行业职业资格证书、专业成果证书三元证书。三元制人才培养模式把学生作为培养主体，强化学生的自我管理、自我成长，因而更加凸显以学生的成长成才需要为中心的现代职业教育理念。

学校积极开展校际交流合作，组织校领导和中层干部外出调研学习，组织教师到境内外高校考察交流，向先进学校学习取经，开阔视野，提高办学治校水平。邀请国内双一流高校、国内著名高职院校和来自美国、加拿大、新加坡和日本等国的专家学者到校讲学、交流。强化校政行企合作，截至目前，学校已与6个地方政府、3个行业协会、101家企业和社会组织签订合作协议，联合培养教师和学生。接收中青年教师挂职锻炼，增加实践经验，提升实践教学能力；接收学生的专业实习、顶岗锻炼，提升师生的综合素质。深化闽台交流合作，与台湾地区6所高校在服装设计、旅游酒店管理、物流管理、金融证券、模具设计与制造等7个专业开展联合培养试点，实行学生互派互培、教师互聘互访，有力地推动了闽台教育的交流合作。台湾高校师生及相关人员来校任教、参访、联谊或洽谈合作500余人次，学生赴台学习交流7批共百余人次。推进国际交流合作，发挥学校海外董事的优势，推动学校与国际教育接轨，现已与美国、加拿大、英国、澳大利亚、新西兰、新加坡、马来西亚、韩国等国家的20余所院校建立合作交流关系。

南洋学院在此基础上，设立勤工助学服务中心，形成学校、企业、学生为主体架构的"三元制"人才培养模式。要求每位在校生在校期间都要有到3～5个企业勤工助学的经历，以增强学生自强自立的意识和体会吃苦耐劳的精神，提升学生的应用技能水平和适应社会的能力。

通过"三元制"人才培养模式的不断深化，学校在多年开展勤工助学活动的基础上，于2013年起组织开展"生活、生存、生涯"（简称"三生"）劳动教育。

构建"三生"劳动教育课程体系。以勤工助学为劳动教育课程及劳动实践的主要载体，与德育、智育、体育、美育相融合，构建贯穿人的"三生"劳动教育层次课程体系，把"工匠精神"、"劳模精神"、"职业道德"及思想政治教育元素融入职业生涯规划、专业课程实践、创意创新创业实践等内容。分专业和个性化实施劳动教育，群体劳动教育和个体劳动教育相结合，特别关注残疾学生等特殊学生的劳动能力培养，实行"一生一方案"。

搭建"三生"劳动教育对接平台。赋予新时代勤工助学解决部分高校学生不珍惜劳动成果、不想劳动、不会劳动问题的功能，设置勤工助学学分，搭建"三生"劳动教育勤工助学育人平台，完善市场机制下产教融合、校企合作、工学结合、知行合一的人才培养过程，从学校找企业，到企业找学校，到现在平台对接，老生带新生勤工助学，形成"勤工助学"的良性循环和自觉、主动参与的劳动文化。

南洋办学的初衷缘起于孩子，办学过程中致力于孩子们个性的塑造，在南洋的教育理念与教育实践中，处处渗透、彰显"以人为本"的理念，特别是校园设计与建设，处处考量"学生为本、环境育人"的需要，"花园式单位""5A平安校园""厦门影视基地""福建省文明校园""最美民办校园"等美誉接踵而至。

4. 三创精神

鲁加升说："一个人要有一点精神，才能立身做事；一个学校要有一点精神，才能久盛不衰。"南洋之于"创新"，就如同科技之于进步，从不囿于一时一域，从不固于一事一端。创新是南洋与生俱来的特点，也是一直追求的方向，无论是行政管理、日常教学，还是学生教育，都无不高效利用信息网络技术，体现出推陈出新、勇于创新的教育思维与核心理念。

多年来，学校深入开展"创意、创新、创业"（简称"三创"）教育，致力打造"创新型、创业型、开放型"（简称"三型"）办学特色。

事实上，南洋学院的学生刚一进校，鲁加升就会在开学典礼等公众场合告诫大家："到南洋来的最重要的任务是学习，要学会学习与发展的方法。"学校对对学生实行开放式培养，推行"品德+知识+技能"的人才培养模式，要求学生在大学期间不仅仅是闭关式的读书，更重要的是开放式的学习，倡导将学生推向社会开展实践学习活动：学习为人处事，学习社会知识，学习操作实践，锻炼、培养、提高自身的综合素质与综合能力，激发创意、创新、创业能力，增强生存就业本领，增强核心竞争力。

创校伊始，鲁加升即要求学工部门开展以勤工助学为主要形式和基本途径的劳动教育，以此锻炼、培养并增强学生的综合素质和综合能力，时至今日非但传承不绝，而且更加科学、合理、规范，加入科技元素，建设工作平台，设立勤工助学服务中心和单独学分，将之提升建设为现代大学生增强生存竞争能力的劳动必须课程和学校、企业、学生三方共建、共为、共享的"三元制"人才培养模式，真正构建起学校、社会、家庭三位一体的全员、全过程、全方位的"三全育人"体系，以此来锻炼、提升学生的综合素质与综合能力。

南洋学院组织的勤工助学时间早、人数多、规模大、制度全，制订了详细的勤工助学实施细则，有计划地组织学生利用周末或节假日轮流到各类企业实习实践，并将之纳入实践课程加以考核。不管学生家庭经济条件情况如何，学校都要求他们三年在校期间有 3～5 个企业勤工助学的经历，以增强学生自强自立的意识、战胜困难挫折的毅力和体会吃苦耐劳的过程，同时促进他们转变就业观念，感受工作环境，提升应用技能水平和适应社会的能力。

南洋学院勤工助学活动是以学校的名义安排学生到企业单位进行劳动实践，经过多年发展完善，已被实践证明是一种新的人才培养模式，是一种行之有效的锻练、提高学生综合素质与综合能力的劳动大课堂，是一种拓宽就业渠道与创业思维的教育好办法，已远远超越了传统"勤工助学"的功用和意义。

不少毕业生通过勤工助学，提前实现角色转换，为工作就业打通一条便捷之路，有的甚至直接走上了工作岗位，实现了招生、招工一体化的无缝衔接。许多学生通过勤工助学实现了个人素质与能力质的飞跃，从此起步走上了创业的成功之路。林清鹏，出身于安溪农村的普通家庭，他在读大学时就积极参加学校组织的勤工助学，他一边勤奋工作，认真上班，一边开始大胆创业，用自己掌握的市场情况和业务知识开设公司，毕业时他已经拥有两家公司，个人资产超过 500 万元。

在勤工助学的基础上，鲁加升笃信"大学生创业只有尝试，没有失败"的理念，学校在学生创业教育方面精心设计，全面布局，深化建设。学校专门建设学生创业活动中心和实训中心，添置模拟生产实际场景的各类高端设备，以此作为学生开展"三创"教育与实践的常用基地。2005 年首期拨出专款 100 万元在全国民办高职院校中率先设立"学生创业基金"，鼓励在校生在学习中创业，在创业中学习。实行弹性学制，鼓励师生共同创业、校友返校创业。2006 年，郑智勇和廖江湖两位毕业生获得首批创业基金 12 万元。目前这一基金已累计达到 1370 万元。鲁加升主编《大学生创新创业基础》和《大学生创新创业概论》两部教材，被福建省教育厅选为双创师资培训教材，被国内多所高校选作双创教材。他亲自为学生讲授三创课程，多次受省教育厅邀请为全省双创教育师资班授课。

2007 年率先在全国高校开设三创课程。设立"三创（创意、创新、创业）"学院，遴选创业教师、优秀创业校友组建创业导师团队，开展教学和实践活动，并支持学生组建创意圈、创业社，把"三创"导向作为教育教学着重点，有计划地教授知识，组织训练，以优秀校友的榜样引导，培育"三创"理念文化，强化"三创"意识。积极开展"三创"教育与实践，制订人才培养方案，实施弹性学制，增设素质拓展学分，试行创新学分、创业成果转换学分，加大"三创"学时学分比重。完善"三创"教育课程体系，开发并增设"大学生创新创业基础"等7门三创课程，把创新创业教育融入人才培养全过程。

2015 年，南洋学院贯彻中央"大众创业、万众创新"的精神和国务院办公厅 2015 年印发的《关于深化高等学校创新创业教育改革的实施意见》的要求，依据产创融合教育实践示范基地建设指标体系，凭借十五年的办学实力和产、学、研合作的经验积累，致力于合作的企业、科研院所、标志型行业、协同创新共同制定专业发展计划、专业设置和人才培养方案，重点建设专业教学与实践、专业实践实训室、教学资源库、就业方案、双师队伍等基地指示体系，对接行业品牌融入，为创意、创新、创业（简称"三创"）搭建平台，成立了以"理论教育、大赛辅导、创业指导"等活动为载体的"三创学院"。在稳固学生就业的基础上，大力提倡学生的创意、创新、创业能力。

三创学院以立德树人为根本任务，促进"三创"教育内涵发展，突显学校的创新与特色，积极创建"福建三创品牌"，为输出"福建经验"提供了强有力的人才支撑和智力支撑。

三创学院以实施"大学生创业引领计划"为抓手，以创意、创新、创业教育为主线，在招生咨询、新生入学教育、专业教学、实训实践环节，普及"三创"理念和"三创"思维，开展"三创"教育教学改革，把创意、创新、创业教育融入人才培养全过程和各个环节，努力培养学生的创意、创新、创业造能力。

学校专门建设的一幢别具特色的学生创业活动中心，规划设置的校内创客家园总面积达到 5000 平方米，四面墙体上张挂创业成功南洋校友的大幅彩照和文字介绍，营造浓厚的创业宣传与创业教育的氛围，强化在校生的"三创"意识。多年的建设发展，该中心已被评为"福建省众创空间"。

学校在"三创学院"设立创业学分，把开展"三创"教育作为常规性的重要工作，邀请创业人士编写创业教材，鼓励师生共同创业和学生休学创业，提高师生的创业能力和市场意识。每年都会有针对性地邀请校内外的创业人士来校举办创业讲座或报告，指导在校生学习创业。

140

学校依托厦门无人机协会、厦门科利捷集团、厦门中信开诚鑫科智能装备有限公司尽力为创业者提供专业技术服务和创业服务。每年设立 200 万元的"三创"教育专项经费，设立学生创业基金，同时设有专门场所，定期开展创业培训、成功者分享、创业沙龙、法律援助、工商注册等教育和咨询活动。引入专业的法律机构，为创业者提供法律、专利等商事服务。积极引入企业工程师到学校现场实施模块化教学，针对创业者的科技成果并结合专业知识进行实操训练，为创业企业（团队）提供创业资金支撑，为创业的在校生、毕业生或校友创办公司提供信息服务和运营服务。

学校利用自身资源优势，开展各类讲座、公益讲堂、创业论坛；承办或参与教育部、省教育厅以及厦门市教育局创新创业组织的"三创"学术活动和"三创"培训活动；定期举办投资路演、宣传推介、论坛活动等；此外还和港台地区进行各种职业技能经验交流活动；组织学生积极参加省市、国家级三创类技能大赛。学校还积极寻求政府支持，搭建校企创业平台，为创业者提供奖励和资助，特别是与投资者、创业投资机构建立合作关系，为创业团队促成投融资机制。

与此同时，学校坚持多元融合，协同各要素资源形成合力，重新规划设置创业活动中心，制定《产创基地管理办法》，完善运行保障办法；制定《产学研究基地实用型产品化科研成果转化》等相关文件，成立厦门市教育立法与政策研究基地，成功举办 2018 年国际智能服务机器人及特种机器人峰会、数字中国建设峰会、产教融合论坛等大型会议活动，促进三创成果直接转化为生产力；与企业、研究所共同致力于探索"三创"人才培养模式，鼓励师生共创，遴选企业高管、创业教师、创业校友，组建创业导师团队，实行弹性学制，鼓励支持学生结合自身实际，休学创业，每年毕业生创业率达 10%。

在三创学院的依托下，南洋学院在巩固校企合作的基础上，力促校企深度合作，利用自身优势和企业资源，与企业联袂打造校内外实践性教学基地，重点建设以实验室、实训室、实训基地为核心的"三实"校企合作形式，与企业扩大合作规模和发展深度，共建了中信重工开诚特种机器人（厦门南洋）教研中心、无人机机械加工实训中心、柔性生产线实训基地、厦门科利捷自动化有限公司实训中心、橱柜设计与营销实训室、城市轨道交通运营管理实训室、三维创业孵化基地、国际邮轮培训中心、258 集团电商实训基地等产教深度融合的实训室和实训基地。为学生的三创意识提供最直接、最基本的实践平台。

5. 产教融合孵化的 "南洋总裁"

南洋学院一直坚持以习近平新时代中国特色社会主义思想为指导，把产教融合校企合作作为提高职业教育质量的重要手段，把产教融合校企合作作为加强高职院校教学改革、增强人才资源服务地方经济和产业能力、提升学校综合竞争力的一个重要途径。

为了落实工作责任，学校成立校、院两级校企合作指导委员会，鲁加升亲自担任学校校企合作委员会主任，分管教学副校长担任副主任，在教务处下设校企合作办公室，由分管副处长担任办公室主任，下设专职管理人员 2 名。办公室负责校企合作方案的指导与审核，对于二级学院提出的目标合作企业进行把关，促成校企合作，统计各专业各学院校企合作情况并进行分析，定期向上级汇报并提出合理建议，起草校企合作管理办法并落实执行。各二级学院院长是校企合作第一责任人，各二级学院也设有产教融合工作管理小组，院长担任组长，成员由二级学院副院长或院长助理、行政管理人员组成。由于建设了较为合理的管理机构体系，产教融合得以深化，校企合作全面开展，在贯彻落实上级文件精神，组织实施、制定政策、资金保障、改革创新、开辟新路、牵线搭桥等方面，得到有力的组织保障。做到全校一盘棋，充分发挥了各个部门的资源优势来开展校企合作，使项目成熟一个推进一个。

为了顺利推进项目建设，学校制定出台了产教融合校企合作的一系列重要文件，其中，以《关于推进产教融合校企合作的若干意见》作为产教融合纲领性指导文件，在产教融合校企合作模式方面，结合南洋学院的具体情况，制定出切合实际的九种合作模式：校企共建校外实习基地；校企共建校内创作基地；建立企业职工培训基地；共建现代学徒制、二元制专业；科普体验与培训基地；技能证书培训与考试；承办各级专业技能大赛；共建产业学院或订单班；共建其他合作模式。

文件的主导方向紧密跟踪职业教育的风向标，为各二级学院的组织落实提出了明确的目标和任务，并在专业建设上实施"五个一"工程。

一师一优课——每个学期，一位教师创建一门优质课程；

一师一成果——每学年，一位教师创建一项教学成果；

一师一竞赛——一位教师参加或指导学生参加一项竞赛；

一师一优企——一位教师联系、对接一个行业内优秀或知名企业；

一群一社团——一个专业群组建、联系指导一个社团。

其中，"一师一优企"对推行产教融合、校企合作教学育人模式，鼓励每位专业教师联系对接多家企业，尤其是与业界知名企业的合作联系，促进教学效果的显现与提升起到了极大的助力作用。形成了广大教师为企业提供技术服务，与企业合作编写教材，参与企业项目开发，引进企业真实项目作为毕业设计（作品）题目，指导学生团队完成参与或承担的企业项目，请企业来校诊断评价、参与专业教学大纲修订或来校施教、参与人才培养方案的制定等产教融合的良好态势。

同时，又以《厦门南洋职业学院校企合作考核指标》为依托，对各二级学院校企合作工作进行量化考核，制定《厦门南洋学院专业（群）对接产业和骨干企业调查表》《厦门南洋职业学院校企合作签约项目审批表》《签约协议范本》等进行规范约束，使校企合作工作日趋走上科学、合理、规范的轨道，为校企合作管理工作上升到新的台阶制定了具体的目标，推动了二级学院校企合作工作的整体发展。

2014年4月11日，学校正式建设可同时容纳6000多名学生上实验实训课的新实训中心大楼，新实训大楼公共综合实验实训室和供各专业使用的共100间实训室，历时两年建成并投入使用，共包括9个校内实验实训中心（含两个中央财政支持的示范性实训基地）和76个专业实训室，建筑面积2.3万平方米，使校内实验实训教学面积接近3万平方米，教学仪器设备总值超5000万元。学校的实验实训设施提升到一个新的水平。2016年5月，外国语旅游学院空中乘务综合模拟舱投入使用，南洋学院科研实验实训大楼正式投入使用。相关实训、研发设备陆续购置、安装、搬迁、入驻，科研实验条件和实践教学环境得到根本改善。

科研实验实训大楼作为校企合作和产教融合等办学特色的重要载体,将专业特色与行业本色紧密结合。既着眼于多功能开发,又着力于多形式建设;既满足了日常实训教学研究,又能有效开展对外技术合作与服务。比如,服装与服饰设计专业与企业合作建设"校中厂",对内实践实训,对外接收订单,开展设计、加工生产,打造校内生产性实训室典型;经济管理学院橱柜专业实训室,由橱柜行业企业提供设计、设备和理念,建设橱柜生产车间,打造橱柜设计、橱柜制造、橱柜营销生产链;机电工程学院与厦门斯玛特物联科技有限公司合作,打造"三维创客南洋创业孵化基地",工业机器人专业与中信重工开诚特种装备公司和徐州鑫种机器人有限公司合作研发,生产消防机器人,已达国内同类产品先进水平。这些创新、长效、富有专业特色的合作模式为南洋学院"三元办学"的深度发展提供了有效路径。

学校的竞争归根结底是综合实力的竞争,综合实力增强的根本途径在于加强内涵建设,内涵建设的外在表现就在于学生的就业率和学生毕业之后的发展评估,创业率无疑是对学校教学质量的一次超常规检验和向全社会公告的对学生适应社会能力的强有力的佐证。

在三创精神的激励下,在产教融合的实践中,南洋学院学生以卓越的个人能力和创造创新意识,很快就在厦门乃至全国闯出了属于自己的一片片天地,逐渐形成了"南洋派"经济圈,大家在各自领域开拓进取的同时,又注重团结精神,相互协作,相互扶持,迅猛发展,而南洋学院作为他们的大本营,成为他们勇闯前行的坚实后盾。创业者在成功后也心怀感恩,纷纷回馈学校,形成了学校扶持—学生创业—学生回馈—帮扶带动的良性循环,使得创业率和成功率不断上升,造就"南洋总裁"的可复制经验。

2004年毕业的郑智勇,作为第一个拿到南洋学院"大学生创业基金"的毕业生,在校期间坚持勤工助学,从跑业务起步,毕业后很快确立了创业方向,设立慧赢传媒公司。如今慧赢传媒公司已在上海股权交易中心挂牌,成为福建省在该中心挂牌的首家文化传媒企业。南洋学院十周年校庆时,为反哺母校,他向南洋学院捐赠100万元设立"慧赢教育创业基金",支持母校毕业生自主创业。为创业良性循环带了一个好头。

2005年毕业的李彬,毕业后运用自己学习的专业知识,开始了"互联网+"创业,开设了"互联网+家政服务"公司,他将公司总部设在了上海,目前在厦门等30多个城市设立了分公司,年产值超过了十亿元,成为全国名列前茅的行业龙头企业。

　　2007 年毕业的吴炳辉，放弃舒适的就业岗位，自主创业，以独到的眼光和强烈的事业心，与志同道合的伙伴一起，创办了属于自己的多家公司。几经辗转尝试选择，他最终确定了 LED 照明作为自己的事业。现在他的公司不仅设有自己的研发中心，而且公司纵贯闽粤两地，总部设在厦门，产品畅销全国，年产值近亿元。

　　2015 年，在毕业设计展上，艺术设计学院广告设计与制作专业的毕业生王健勇和李帅共同创作的一组名为"厦门旅游纪念主题矿泉水"的毕业设计作品，获得厦门市华润简味食品公司百万元创业投资，成为当年厦门高校毕业生中的焦点人物，被新闻媒体争相报道。"高职毕业生，还没毕业就获得创业投资。"一时成为南洋学院学生创业能力、社会服务能力、与企业沟通交往能力的有力证明。

　　当前，南洋学院的应届毕业生创业率超过 10%，是全国高校平均创业率的近五倍，仅 2003 届南洋学院第一届国贸班的毕业生，自主创业率就达到近 50%。"南洋总裁"与南洋学院一起一次又一次地创造奇迹，一次又一次地缔造南洋神话。他们以榜样的力量，激励着后来的南洋学子更加努力地践行"天天向上"的南洋精神。

6. 可供借鉴的南洋范式

南洋学院坚持"以人为本，特色办学，全面育人"的办学理念，坚持"创新型、创业型、开放型"的"三型"办学特色，注重培养外向型、复合型、应用型"三型"人才，推行校企合作与闽台"校校企"联合人才培养模式，实施学历教育与证书教育双轨教学，以一流的师资保证一流的教学质量，现有从厦门大学、清华大学、西北工业大学，美国、加拿大等院校、跨国公司和研究机构聘请的专兼职教授、副教授、讲师600余人。特聘外教、企业家定时、定期来校授课，为学生创造了认识社会、认识企业、提升综合能力的机会。南洋学院还特别强调学生实际动手能力的培养与锻炼，强调德、智、体、美、劳全面发展。要求每一个毕业生既要有扎实的业务功底，又要有良好的思想品德和较强的实际动手及适应社会的能力。

学校实施多元化办学模式，推行校企合作、政校行企合作、闽台合作、校校企合作、国际化合作等人才培养模式，是福建省首批闽台高校联合培养人才项目试点院校之一。每个二级学院聘请一名企业副院长。与福建省和厦门市橱柜商会及金牌厨柜公司合作，成立国内第一个橱柜学院，培养橱柜行业急缺人才；与福建省民用无人机协会合作，成立无人机学院；与海内外龙头企业合作成立轨道交通学院、电影学院等产业学院；与多所台湾高校和十几家台资企业合作开展"校校企"合作项目，引进台湾高校优秀师资和课程，建设旅游管理、物流管理、应用电子技术、模具设计与制造等闽台合作专业，选派学生赴国内其他高校学习交流，培养海峡西岸经济区建设急需的创新型技能型人才；与美国、英国、新加坡、法国、澳大利亚等地的高校合作，开展师生互访交流，引进国际先进教育理念和世界通用职业资格证书课程，培养学生的国际视野。

学校目前共建有信息工程学院、航空机电工程学院、经济管理学院、橱柜学院、艺术设计学院、外国语与旅游学院、建筑工程学院、人文社科学院、学前教育学院和多个产业学院，作为南洋学院的二级学院，在全校统一部署和指导下，单独开展教学研究与开发工作，开设酒店管理、无人机、机器人，物联网应用技术、机电一体化、工程造价、服装设计等四十多个专业，涵盖土木建筑、电子信息、财经商贸、旅游、文化艺术、装备制造等高职教育专业大类，形成了先进制造技术、电子信息技术、现代服务与管理、文化艺术、土建、财经、商贸等专业群。

随着综合办学实力的日益提高，为激励学生在校期间勤工助学和自主创业，学校设立学生勤工助学中心，为在校生提供校内外勤工助学服务，每年皆有数千名学生利用晚间、双休日、寒暑假在特区中外资企业兼职，并设立心理咨询服务中心，建立了心理咨询四级保健系统，为学生排忧解难。

社团建设也是学校综合建设的重中之重，学生通过社团活动，开拓了视野，增强了社会服务能力，并在与外界良好衔接的基础上，为学生的就业创造了机遇。因此，学校因势利导，在原有社团的基础上，先后又鼓励、指导成立了经典诵读社、艺术团、模特队、礼仪队、篮球队、足球队、文学社、创业协会、英语协会、日语角、PC俱乐部、吉他协会、漫画社、网球队等多个学生社团组织。其中经典诵读社于2016年被评为福建省百优学生社团前五十强，艺术团、模特队、礼仪队、篮球队、足球队等也已成为学校的特色品牌社团。

南洋学院在实行准军事化管理和"政工干部+班主任+辅导员"的教育管理体制的基础上，又强调团结紧张、严肃活泼的学习氛围，结合青年学生的特点，在业余时间为学生组织丰富多彩的文化体育娱乐等第二课堂活动、思想教育活动和社团活动。坚持每月从社会各界邀请一位优秀人士来校为学生做报告，让同学们树立正确的人生观、人才观并及时了解国内外的政治、经济、外交、科技、文化、教育、国防等讯息，拓宽知识面，增强鉴别是非和适应社会的能力。为了鼓励先进、弘扬正气，还设有多种学生奖学金；接受海内外企业家的资助，设有"弘诚信"、"德瑞科"、"鑫艳"等企业奖学金。

南洋学院坚持以人为本，走特色办学之路，特别注重学生的能力培养，强调培养"三型"——外向型、复合型、应用型综合人才，要求每一个专业的学生都要会外语、懂外事、懂外贸、懂外交礼仪、知晓国际形势；要求每一个学生的知识结构多元化，走向社会可以从事多种岗位的工作；要求每一个学生不仅要学好书本知识，还要有较强的动手能力和适应社会的能力。政府主管部门在学院设立了国家职业技能鉴定站，学院成立了培训中心，为学生设置了一系列短期培训项目，除毕业证书外，要求每位学生至少持有一本与本专业相关的职业资格证书。而且，早在2000年办学之初就鼓励每一个学生在毕业前要熟练掌握英语听说、电脑操作和小汽车驾驶等"三项技能"，力争学生毕业后能立即融入社会，以高雅的气质、精湛的技艺和丰富的文化内涵进入工作状态。

多年来，南洋学院不断优化专业结构布局，凝练专业发展优势，为引领中国民办高校教育和特区经济建设贡献了自己的坚实力量。在南洋学院的带领下，国内一些民办高校纷纷与南洋学院交流，不断学习、借鉴、考察南洋办学模式和先进经验，一大批民办高校因此而诞生并紧紧跟进南洋学院的发展步伐，走南洋发展模式，学南洋育人之道，而南洋学院也以博大的胸襟和开阔的办学思路，在不断提升自己综合实力的同时，为一些后起者给予力所能及的帮助和指导，南洋学院的优秀毕业生也逐渐成为部分民办高校的管理者和中坚力量。甚至一些"985"、"211"工程院校的领导也亲临南洋学院考察，邀请鲁加升去讲学、培训教学管理骨干。南洋学院的办学管理春风在高效的引领和示范作用下，徐徐吹进了广阔的中国教育天地。

湖光山色，亭台楼榭相映成趣，初升之阳，肩负时代重任。在新的历史发展时期，南洋人注定将以教育者的责任和使命严格要求自己，以更加开放的态度与宽广的视野努力在管理模式、人才培养模式上创新，践行"有教无类，因材施教"的教育理念，不忘初心，砥砺前行，继续当好中国民办高等教育的排头兵和领跑者，为中国高等教育的改革发展提供一些借鉴。

产业学院挂牌

特种机器人教研中心揭牌

南洋学院给学生提供创业扶持的"创客家园"

南洋学院实训楼的实训场所之一：空乘模拟舱

　　2005 级计算机信息管理专业学生吴炳辉，毕业后获得学校 100 万元创业基金资助，其创业公司"冠军照明"如今年产值超亿元，已成为全国照明行业十大创新品牌

　　曾获得学生创业基金扶持的 2001 级电子商务专业学生郑智勇（右），2010 年捐赠百万元在母校设立创业基金

2005 年，南洋学院首期拨出专款 100 万元设立"学生创业基金"，如今基金总额已达 1370 万元

校领导向已经毕业的廖江湖同学（中）颁发创业基金

林婕（左二）被授予感动厦门十大人物，鲁加升（右一）发言

鲁加升走访学生宿舍

2015 年南洋学院高铁专业学生参加国际交流活动

2017 年南洋学院学生服务金砖国家领导人厦门会晤

第十章

把每一个学生都
当作自己的孩子

10

1. 招生想着就业时

就业率是衡量一所高校办学能力和质量的一把标尺，南洋学院为了学生好就业、就好业，倾注了太多的心血和智慧。学校积极开展"政校企"、"校校企"合作，帮助学生拓宽就业渠道。一直以来，学校通过产教融合多措并举，积极落实国家职业教育改革实施方案，提升福建省产业发展需求与教育供给的精准匹配，实现"产业链—创新链—教育链—人才链"的"四链贯通"，成为中国高等职业教育的典范。

2009 年 4 月 9 日，在第十三届台交会——海峡两岸高等职业院校项目签约仪式上，南洋学院与台湾大仁科技大学、友达光电（厦门）有限公司、香山国际游艇俱乐部正式签署"校—校—企"产学合作协议书，成为福建省首批闽台合作高职院校之一，打开了校企合作形成的就业通道。

2012 年 5 月 15 日，南洋学院与食神食业投资管理有限公司签约，启动温暖工程就业助学计划，帮助贫困学生免费上大学，一批计划外免费生入学，接受校企双方的共同培养。开启了南洋学院毕业实时就业的创新模式。

2016 年 4 月 20 日，南洋学院与福建省民用无人飞机协会签订无人机应用技术专业校企合作协议，共同推动无人机的研发、生产与运用，推进无人机应用技术的专业建设和无人机行业的向前发展。2017 年 6 月 1 日，上市公司厦门梦加网络科技股份有限公司与南洋学院签订产学研协议。积极引入一批像中信重工开诚智能装备有限公司、华飞航空教育投资（江苏）有限公司、好慷（厦门）信息技术有限公司、厦门科利捷自动化科技有限公司、福建省民用无人机协会、厦门金牌厨柜股份有限公司、中竞（上海）文化传播有限公司、厦门励航软件开发有限公司、用友新道、智联友道、凤凰数媒等众多在业内享有较高知名度的企业开展校企合作；与泉州经济技术开发区、华安县人民政府、三明旅游局、建阳市人民政府、泰宁县人民政府等单位签署校政战略合作协议；与国内300多家知名企业建立紧密合作关系，为学生的就业铺平了道路，指明了方向。

此外，南洋学院还联手企业成立产业学院和产创融合基地。与福建省民用无人机协会合作创立"无人机学院"。与厦门金牌厨柜股份有限公司合作创立的"金牌厨柜学院"被福建省批准为首批高职院校产业学院试点项目。与厦门科利捷自动化科技有限公司、厦门南洋开诚鑫科智能装备有限公司、福建省无人机协会创建厦门南洋职业学院智能制造产创融合基地，该基地被批准为省级产创融合教育实践示范基地建设项目。这些项目的建设，为深入推进南洋学院产教融合，整合校内外办学资源，共建实训、实习、实创平台奠定了基础，也为学校就业提供了平台。

同时，南洋学院以"二元办学"模式为契机，牵头成立厦门市旅游职业教育集团，在建立跨行业、跨地域合作的职教战略联合体、体现集团化办学的集聚效应、推进校企合作和工学结合实训基地建设、举办行业技能大赛、促进职校教育教学深化改革、举办产教融合发展高峰论坛等方面开展了一系列活动，在社会上产生了一定的影响力，成效显著，成为福建省教育厅重点支持的职教集团。在此基础上，学校又寻求深度合作，先后与15家企业联合招收10个专业的"二元制"学生。与11家企业联合落实6个专业的学徒制学生，校企合力很好地完成了实习教学任务，也为学生就业创造了多种机会。

在对外合作的基础上，南洋学院特别注重学生自身能力的发展，通过政、企、行、校四方联合，以承办省市技能大赛、举办行业大赛等活动为载体，"以赛促学、以赛促建、以赛促就业"。多年承办了厦门"中华茶艺"、"中餐主题宴会设计"、"西餐宴会服务"、"园林景观设计"、"英语口语（英语组）"、"英语口语（非英语组）"等多个项目的职业技能竞赛；承办了第46届世界技能大赛厦门市选拔赛"时装技术"赛项赛点项目；成功举办2019年、2020年福建省职业技能大赛（高职组）赛点项目"导游服务"赛；2020年福建省职业技能大赛（高职组）赛点项目"企业沙盘模拟经营"赛；"威野营杯"厦门市首届高职院校大学生营销大赛、厦门市首届职业院校"空乘礼仪"大赛、"未来导游之星"技能大赛等多个赛项……南洋学院以技能大赛来提升学校的对外影响力，扩展学生的就业机会和就业渠道。

为促进就业，学校每年举办三场大型校园招聘会和百家企业专场招聘会，每年都有一千多家企业来校招贤纳才，学校已经连续十八届毕业生就业率超过99%。

在诸多有效措施的裨益和提升下，近年来，南洋学院毕业生出现了供不应求的乐观局面，形成了"学生自主挑企业"的良好态势，一些企业开始提前一年就向学校预定毕业生，也有很多企业因找不到南洋学院的毕业生而对鲁加升"抱怨"，学校的就业由被动转为主动，为了促进校企良性发展合作，南洋学院又开拓创新，开展学校负责人进政企事业单位活动，以开展专业（专业群）"对接千亿产业链上的龙头企业"和"一师一优企"合作项目为主导，深入政企事业单位，为校企服务搭桥。"现在是我们的学生考察企业，而不是企业考察学生，就业状况反过来了，这就是南洋学院的魅力。"鲁加升在谈到学生就业的时候，神采飞扬，自豪之情溢于言表。当然，这其中也蕴含了他和师生们太多太多的辛勤汗水。

2. 独立自由的文化

《中国青年报》社会调查中心通过民意中国网和腾讯教育对"什么是世界一流大学标准?"进行问卷调查,结果显示71.4%的人首选"有独立自由的文化氛围"。而事实上,南洋学院从建校之初,鲁加升就一直倡导民办高校的"独立之精神,自由之思想",他从清华、北大、西工大、厦大等百年名校的办学历程中借鉴高校的精神实质和思想内涵,"我们有比公办高校更加自由宽松的学术研究政策,更加激烈碰撞的三创精神,我们必须以更加自由、人性化的文化氛围,紧跟国际潮流,体现科技感、国际化和现代化,为师生提供最受尊重的学习和生活环境,逐步建成服务区域经济社会发展,以应用型为特质的创新、独立、自由的大学。"

在学校建校之初,鲁加升就特意强调要保留原有校址的特色和自然风貌,在山和湖之上优化整合,建造生态型校园。而在对学生的学习条件上,则尽量增强对学生的服务意识、体现人性化设计,率先在学生宿舍安装空调,建设"客厅计划"项目,在学生宿舍区建设包括公共活动区、自习室、开水房等,提供无线网络服务、直饮水机、空调、通风设备、宿舍淋浴24小时热水等服务,用高品质的生活填补学生课下的时间空白;在新教学楼的墙面绘制了五彩缤纷的壁画,用以激发学生的创造力。

当然,除了外在人文自由的体现之外,重点还在于在教学改革中,探索内涵发展之路,深入推进课堂"教学做"一体化和"三合一"模式,鼓励广大教师积极探索程序教学、互动式教学、翻转课堂、暗示教学、范例教学、发展性教学、结构–发现教育、非指导性教学等多元化的最具先进理念的综合教学模式。

鲁加升认为，应用型教育的本质，就是学以致用。古人云："心中醒，口中说，纸上作，不从身上习过，皆无用也。"职业教育的特点决定了教师要为学生将来职业所用而教，学生是为将来职业所用而学，离开了"用"，再卖力的教学也是"纸上得来终觉浅"。因此，"我们提倡案例教学、项目引导，推行实验、实训、实践，通过"教学做"一体化模式教学训练、促进"学生"到"职工"的角色转换，实现综合素质和创新能力的完成和提升。"

在国家、省、市职业技能大赛中硕果累累的外国语与旅游学院酒店管理专业，就在践行这种"独立自由的文化"的教学实践中积累了丰富的教学经验。教师在课堂上采用项目教学法：把学生分成3~5个学习小组，把下次课的内容转化成工作任务，分配给各个学习组。各学习组在课外通过预习、讨论、动手，完成老师布置的"作业"，并制作成PPT。下次上课时，各小组分别推选一名代表，上台演示、汇报本组的学习成果，小组之间互评，任课教师点评并总结，把各学习组遇到的共性问题提取出来，重点讲解、演示。这样的课堂设计疏密有致，极好地体现了教师主导、学生主体的教学情境，教与学、动手与动脑、课内与课外、学习组与课堂相互融通，成为南洋学院"教学做"一体化课堂教学模式的典型代表，获得了省级教学成果一等奖。

教师在指导职业技能大赛的学生时，从大一开始，就选拔渴望卓越、基础优越、愿意超越的学生作为重点培养的对象，对他们进行系统的综合培养与训练，把基础知识、竞赛项目任务实训、竞赛标准的操作演练融入日常课堂教学，从课内到课外、从专业技能到兴趣爱好、从实训到竞赛一点一点地学习、训练，从一场一场的校赛、市赛、省赛的磨砺中一路脱颖而出，实现了课堂、实训室就是工作场所、比赛场所，专业知识就是竞赛标准的日常学习规范。而在教会学生增强技能的基础上，教师还注重对学生文化内涵的塑造，把专业知识通俗化、竞赛项目情景化，引导激发学生的创造思维，拓展了教学空间，打破了教学结构单一、僵化、封闭的局面，建立了新型的师生关系结构，将"独立之精神，自由之思想"的教学实质弥漫在南洋学院教与学的每一处细节上，坚持"以学生为中心，把每一个学生都当作自己的孩子"的教育改革理念，以学生的学习效果和校友的职业发展为目标，持续推动学校"教师为本，协同创新，数字化转型"的组织变革。

把每一个学生都当作自己的孩子，在产教融合发展的宏观办学理念下，南洋学院以校企合作为切入点，以三创精神为支撑，以独立自由的文化氛围为指导，学生的自适应学习、个性化学习能力不断增强，社会竞争力和就业竞争力、创业竞争力不断提升，个人活力得以充分展现，涌现出了一大批优秀的南洋娇子，成为南洋精神的践行者。

2004年2月26日，身残志坚的03级广告与装潢设计专业学生林婕光荣当选"2003感动厦门十大人物"；2004年9月3日，年仅19岁的二年级学生张良健，在福建省首例向外省输送造血干细胞公益事业活动中，成为向外省捐献骨髓造血干细胞第一人，被誉为"爱心大使"；2004年，在福建省IBM电子商务软件设计大赛中，钟小坚、何学文获得冠军；2005年10月4日，2005级学生王磊在香港举行的"2005亚洲小姐"总决赛中夺得冠军；2008年3月5日，第57届世界小姐中国赛区上海大赛暨华东区总决赛冠军、2006级学生吴捷被聘为"厦门市旅游形象大使"；2010年6月6日，在厦门市城市职业学院隆重举行的厦门市第四届"未来导游之星"决赛中，经济管理学院旅游与酒店管理专业的秦雪丽、王宣懿、胡凌轩3位同学荣获厦门市第四届十佳"未来导游之星"荣誉称号，秦雪丽同学获得全场最高分并获得"最佳人气奖"；2010年7月，2009级商务日语专业学生邵楠楠在上海世博会开展的全国省区市展馆最美礼仪小姐评选活动脱颖而出，荣获十大最美礼仪小姐桂冠，成为福建省唯一入选的佳丽；2010年11月13日，在东山"第二届国际帆船小姐"的比赛活动中，2008级会计专业的黄玮妮，2009级音乐教育专业的彭静蓉，2010级电子商务专业的颜嘉玲获得"十佳"称号，2008级国贸专业的冉紫燕一人摘得"最佳人气，最具魅力"两个单项奖。

2013年5月6日，曾荣获"感动中国十大人物"、"全国道德模范"等诸多殊荣，拥有"最美洗脚妹"之称的我校2012级成教旅游管理专业的学生刘丽，进京参加共青团中央"实现中国梦、青春勇担当"主题团日活动时，受到了中共中央总书记、国家主席、中央军委主席习近平的亲切接见；2018年5月19日，在海峡两岸（厦门）高校旅游研学营暨厦门市第十二届高校"未来导游之星"大赛中，外国语与旅游学院2016级空中乘务专业胡媛媛斩获"十佳"第一名。此外还有，海峡两岸大学生职业技能大赛电子商务软件设计一等奖获得者余凯、卢孔锦、赵建志，导游之星大赛一等奖获得者秦雪丽，四届未来导游之星大赛一等奖获得者、首届全国高职高专英语写作大赛（福建赛区）公共外语组一等奖获得者高慧，有年薪百万的某公司总经理吴旭，有出版个人诗集的张钦中，还有在国内时尚圈大放异彩的"南洋模特领袖"刘英……这一个个被奖杯和光环照耀着的南洋娇子，也以自身的独特魅力照耀着南洋学院，引领着一代又一代的南洋学子勇往直前，创造辉煌。

南洋娇子，也是南洋学院的自豪，更是"教师"鲁加升的个人骄傲，在不断荣获"中华爱国英才"、"新世纪中国改革人物"、"中国高中生最钦佩的民办高校校长"、"优秀民办教育家"、"中国十大杰出民办教育家"、"中国高校杰出校长"等荣誉的同时，鲁加升也以这些南洋娇子为南洋学院的"重器"，积极向社会各界大力推荐。在参与编辑《21世纪教育》杂志时，在人民大会堂主席台作专题学术报告时，在全国各地发表学术论文和文章时，在向视察南洋学院的领导汇报时，鲁加升都不忘他的这些"孩子们"，一次又一次地向所有人介绍他们、推荐他们，并为他们的企业代言——他，她，他们都已经成了南洋学院的一份子。对鲁加升来说，每一个学生其实都是自己的孩子。

3. 党建引领文明校园

2001年2月，南洋学院建校不久，即成立学校党支部。2002年5月31日，南洋学院党总支正式成立，成为福建省和厦门经济特区第一家建立党总支的民办大学。在随后的学校建设中，南洋学院一面探索创新发展道路，一面坚持以党建工作为引领和指导，加强顶层设计，构建发挥政治功能的体制机制，明确"党委政治领导、董事会战略决策、校长依法治校"的建校纲领。南洋学院在总结出的"五个坚持"办学经验中，将"坚持党对学校思想政治工作的领导"作为学校工作的重心来抓，党建工作因此在2005年、2010年被厦门市评为"厦门市教育系统先进基层党组织"，2014年党委学生工作部申报的"党建时刻在线"被评为厦门市教育系统"十佳党建品牌"。

在新的历史时期，为更加深入学习贯彻落实党的十九大精神和全面落实全国教育大会精神，学习习近平总书记关于教育的重要论述，落实教育部强化民办学校党建工作的要求，加强民办学校党组织建设，培育基层党建工作新亮点，促进民办学校健康发展，南洋学院在继成为福建省首批民办高校党建工作示范点之后，又积极申报由中国民办教育协会民办学校党建工作委员会组织开展的全国民办学校第一批党建特色建设项目并最终入选了全国民办学校第一批党建特色建设项目。

2013年8月，为加强党建特色建设，施水成同志受市委组织部选派任厦门南洋职业学院党委书记。

施水成先后毕业于福建师范大学地理系和东北师范大学政治系，获"理学"和"法学"第二学士学位。曾任福建师范大学地理学院、旅游学院党委副书记、书记，福建师大党委组织员等职，曾参加国家社科基金课题的申报和研究工作并获成果，在省级以上刊物发表论文多篇，获全国高师共青团工作改革研讨会论文评比一等奖。曾被省高校工委、省教委、团省委联合授予"高校创文明先进指导教师"，先后荣获福建省高校"优秀思想政治工作者"、"创建第三届全国文明城市先进个人"、"第三届全国民办高校党建和思政工作优秀成果"特等奖、"优秀校长管理奖"等荣誉。

此后，南洋学院党委书记进入董事会，参与学校重大事项的研究与决策。学校建立"党委—党总支—党支部"三级党建和思政工作责任制，实施"学生成长导师制"和全员学生助理制，创立党建"一二三"新模式：即每名党员挂钩一间教室、两间宿舍、三名学生，开展"我为学校发展比贡献"党支部立项活动，成立"党员志愿服务队"，带领青年志愿者为金砖国家领导人厦门会晤、海峡两岸文博会等重大活动提供志愿服务，提升党建引领功能。

以施水成为代表的厦门南洋职业学院党委不忘初心，努力建好六大平台，探索新型党建工作法，让民办高校党建工作与新时代共进，发挥党组织政治功能，助力并确保学校健康科学发展。

创设学工微信平台，让党建时刻在线。2013 年 9 月，学院创设党委学工微信平台，让思政教育"即时通"、学生管理"接地气"、党群交流"心连心"、大小会议"无纸化"，荣获教育部思政司"全国民办高校党建和思政工作优秀成果特等奖"。创建公寓党工委，让党建"走进"学生宿舍。2014 年 3 月，成立公寓党工委，下设 6 个楼栋党支部，形成"一个工委，六个阵地""一种身份，五个角色""一票否决，四项考核"等公寓党建特色，让党建"走进"学生公寓的研究论文《新时期民办高校学生公寓党建工作探索》荣获"全国民办高校党建和思政工作优秀论文一等奖"。创立党委教师工作部，让党建引领教师发展。2017 年 5 月，在福建省高校首家成立党委教师工作部，把培养"四有"好教师作为首要任务。修订《教师手册》，出台《师德师风负面清单和失范行为处理办法》，开展"最美教师"和"南洋学者"遴选，组织青年教师参加国家教育行政学院师德师风专题网络培训、制定红专发展规划、举办"重走习近平总书记走过的路"等活动，引领教师成为学生的"四个引路人"，相关做法得到教育部思政司高度肯定。创新红色教育平台，让党建传承红色基因。开展"红色基因，我们传承"系列活动，入选厦门市高校"三爱"主题教育活动十大重点扶持项目。通过红色足迹"走"起来、红色精神"请"进来、红色历史"说"起来、红色故事"讲"起来、红色主旋律"唱"起来等形式，让党建思政传承红色基因。创建勤工助学劳动育人平台，让党建提升育人成效。学校率先在厦门高校中成立勤工助学服务中心，将勤工助学纳入学生素质拓展学分，达到"济困"和"育人"双重功效。创建省级文明校园，让党建提升立德树人水平。以省级文明校园创建为契机，将文明创建融入学校中心工作、融入校园环境美化、融入学校课堂教学与实践、融入校园文化与社会服务，持续推进生态学校建设。2018 年，首届省级文明校园名单公布，南洋学院成为厦门市唯一入选的民办高校。

"让高校党建思政工作与新时代共进，就必须创新工作平台，线上线下、课内课外联动，把思想政治引领与教育教学实践有机结合，着力师生思政工作一盘棋，构建全员育人体系，促进学校健康发展，促进学生成长成才。"施水成说，民办高校党建思政工作"因为有为，才能有位"。新形势下，党委不仅要主动作为，赢得董事会和行政领导的支持，更要围绕学校中心工作，开拓创新，讲究方法，将党建思政工作落小落细落实，才能确保学校健康稳定和可持续发展。

在党委班子的共同努力下，党的建设与学校宏观发展相辅相成，南洋学院党建工作成为中国民办高校党建思政工作的典范。

4. 南洋蓝图

2007 年，鲁加升在福建省一个高教理论研讨班的报告中，根据福建省第五次全国人口普查数据，作出了高等教育适龄人口高峰期和低谷期的分析判断，提出了 2014 年之前高等教育是"生源旺盛""生源繁荣"的大好局面；2014 年以后，高等教育适龄人口数在几年内迅速减少至高峰期的一半左右，从而进入高等教育"生源紧张""生源萎缩"的困难阶段，并预警，那些特色不鲜明、就业不顺畅、办学质量差、社会声誉低的学校，将会不可避免地被考生放弃。而一所学校，如果没有了学生，也就失去了其存在的价值和意义。为此，鲁加升及早着手，认真研究中央提出的"规模、质量、结构、效益"四者协调发展的问题，判断出在四者关系中，除质量是核心，作为恒数不能改变、不能放弃外，其余的规模、结构、效益都是变数，根据不同的时期，面对不同的情势，必然要有不同的因应对策。于是，他便从学校实际发展出发，提出南洋学院"申本转型"的战略决定。

2011 年，南洋学院被厦门市政府确定为重点支持申办应用型本科高职院校，2017 年 8 月 13 日，中国共产党厦门市第十二届委员会第五次全体会议在厦门人民会堂隆重举行，会议审议通过了《中共厦门市委关于加快补齐民生短板确保全面建成小康社会的决定》，决定明确指出，"推动厦门南洋职业学院申办本科民办高校"。南洋学院在学校校园建设软硬件合力推进的大好形势下，围绕申本标准，在进行了政策解读、普及宣传、自我检测等各项准备工作的基础上，成立了申本建设领导小组，组建申本办公室；制订申本实施意见，提出综合改革思路和综合改革任务；在综合考虑了国家政策、区域产业结构、学校条件、专业基础等诸多因素，从是否有利于申本、是否能够申本出发，遴选并确定了酒店管理、服装设计、建筑工程技术、物联网技术、电气自动化、模具设计与制造等 6 个专业作为第一批申本专业，进行重点建设，同时按照本科专业群建设对二级学院进行了结构调整；按照国家申本的指标进行了内涵解析并分解下达申本硬件指标任务。初步完成了申本基础材料的基本整理工作，6 个申本专业的达标建设也正逐步展开，为推进申本建设奠定了基础。

同时，学校围绕提高质量的根本目标，对"规模、质量、结构、效益"四者关系中可变的结构（含专业结构、层次结构）、规模（含招生数量、招生类别）、效益（含经济效益、社会效益）都采取了一些相应的措施，提出了"申本既是我们发展的一个追求，更是未来层次结构的重大变化"的要求和号召。

但鲁加升明确认识到，学校要申本，就需要巨额资金投入，扩大学生规模能够缓解资金压力，然而，规模扩大，校园土地面积、图书馆藏书数量、教学仪器设备、师资等办学条件的生均值就会缩小，加大与本科标准的距离，加大申本达标的障碍，而这些障碍有些是难以逾越的。因此，他决定在招生规模这个相对简单易行又可产生关键性关联效应的方面进行选择。面对申本的规模标准，南洋学院经过认真思考和筹划，按照学校实际占地面积，严格控制学生数量，将学校最大规模严格控制在 6000 人之内。

申本给学校各项工作增加了工作量和工作难度，但也给各项工作带来了适应新要求、迎接新挑战的机遇。鲁加升说："只要充分抓住这个机会，加快建设步伐，加强理论研究，加强实践探索，加大改革力度，通过申本建设，学校就一定能上一个新的台阶。"

学校申本，教学质量和办学特色起决定性作用。特色是质量的升华，质量是特色的根基。鲁加升说："对高等职业院校来说，办学质量和办学特色都源自工学结合、校企合作，没有工学结合，就没有办学质量；没有校企合作，就没有办学特色。"南洋学院通过研修班的形式，对学校的体制建设、学生管理、勤工助学、创业教育等方面的特色进行了梳理：大胆探索创新学分和社会志愿服务奖励学分的评价体系改革，加快创新多元评价，建设相对应的评价平台，确定相应的评价形式，制订相应的评价标准和评价尺度；深刻领悟国家的一系列政策，通过改革学分评价体系，把教学部门与其他各部门的评价纳入学分评价，把学校和社会其他主体的评价纳入学分评价；把学生的学业成绩和公益劳动、继续教育也纳入学分评价，逐步形成综合考察、综合测量、综合评价的良性机制。通过学分评价体系的改革，对师生进行价值引导、行为引导，进一步促进学校的综合培养与综合训练，进一步提高学生的综合素质和综合能力，进一步推动学校的综合改革和综合发展。

人的经验是一个经历的过程，除了管理者自身理论、素养、能力、观念、视野、心理外，其管理水平的提升是一个经验积累的过程。南洋学院借助申本建设，大力提升教学管理水平，全校上下对教学管理工作提出了更为严格的要求。

"学校规划的蓝图中，申本是近期目标，建设国际化、高水平的应用型大学是长远目标。"南洋学院在不断提高教学管理的自觉性和管理能力，在保质保量完成升本资料整理的同时，树立教学中心意识、质量中心意识和服务中心意识，不断发现先进、总结经验、推广典型、引领改革，不断研究问题、寻找对策、创新理念、促进发展，着眼于长远发展，把日常教学管理融入申本建设，边建设边梳理，边总结边改革，边继承边创新，为申本目标服务，也为南洋学院长远目标打基础、作准备。

"给后来者以深厚的积淀，给未来以稳固的支撑。"鲁加升说，"我们每个人只有不断发现自己，充实自己，完善自己，提高自己，以一丝不苟、精益求精的'工匠精神'去哺育学生的'工匠精神'，以教师自己的'工匠追求'去培养学生的'工匠追求'，以教师自己的'工匠匠艺'去造就学生的'工匠匠艺'，才能把南洋学院建设得更加美好。"

"申本的任务比较艰巨，但我们力争要在2021年前后获得批准，并用十年时间取得硕士学位授予权。"鲁加升说。同时，在申本的基础上，南洋学院还计划修建专门的行政楼、含演出与体育为一体的一流体育馆和国际学术交流中心等校内建筑，力争"在硬件上成为中国最漂亮、最先进、最有特色的大学之一，在软件上争创国内一流，成为具有一定的国际影响力，并向集团化方向发展的大学。"鲁加升对学校的发展充满信心。

无人机学院

三创学院

外国语与旅游学院实训室教学场景

酒店管理专业实训室

金牌厨柜学院

茶艺课实训室

2005 级学生王磊（中）在香港举行
的"2005 亚洲小姐"总决赛中夺得冠军

南洋学院 2006 级学生吴捷（右）作为第二届全球外包
大会的双语主持人与法国前总理德维尔潘合影

南洋学院学生张良健成为向外省捐献骨髓造血干细胞第一人。图为张良健（左）与鲁加升校长（右）在一起

第十一章

11

扬帆远航的南洋学院

1. 简欧主义者

2020 年 3 月末，晚春的厦门逐渐回暖，人们的心情也与这回暖的城市一样，散发出了春天朝气蓬勃的气息。年前落成的健康步道成为厦门新兴的标志性建筑，出行的人们在这里用抖音将春天的厦门刷成了网红。

阳光普照着厦门，也普照着坐落于翔安区的南洋学院。整座校园掩映在茂密的植物之中，远看起来不像一所学校，更像一个广阔的山水生态园。如果细加对比，不免就会让人想起厦门最具代表性且享誉世界的鼓浪屿，或者可以说，这里就是一个年轻化、现代版的鼓浪屿景区一隅。如此美丽的校园景色也获得了影视剧组的青睐，每年都有二十多个影视剧组来南洋学院取景。

鲁加升与所有南洋人一起享受着校园的一切。他常常向前来参观或者访问或者考察的领导和朋友们指着眼前或是远处的一栋栋楼房，神采奕奕地说："你看我们的楼房，不论是学生宿舍，还是教学楼，或者是图书馆或者大学生创业活动中心，是不是与别处校园的楼房不大一样？"南洋学院整体采用了现代简欧风格设计，在古典欧式风格的基础上，兼容了优雅、和谐、舒适、浪漫的特点，在开阔的空间里，以贴近于自然的整体设计，结合了国人的审美口味，既具国际性，又具现代性，在厦门翔安区林立的高校中，别具一格而又天然成趣，深受历届南洋学子喜爱。

正对着学院南门的图书馆大楼就正体现了现代简欧风格的特色。这栋五层高的建筑在完善的图书馆设计之外，还容纳着南洋学院的行政办公机构。鲁加升说："在学校独立的行政大楼未盖起之前，暂借了图书馆的一部分学生讨论室做办公室用，我们会尽快将它们全部交给学生。"独立的行政大楼是南洋学院近年后续建设的一个主要项目。鲁加升在学校的每一步发展中总是每时每刻都考虑着学生的主体利益。图书馆的学生讨论室是鲁加升参考了国外超一流大学图书馆的先进模式而开辟出来的一部分与图书室毗邻的单独空间。"学生在图书馆看完书，可以根据兴趣爱好而相聚在单独的讨论室内探讨交流，发表个人读书感受，这样不但有利于阅读上的进步和思想上的碰撞，还有利于兴趣社团的高效发展。"目前预留出来的讨论室已经发挥了这样的作用，而国内绝大多数高校的图书馆开辟出来的自由空间，无非是学生作为自习室的场所而已，仅仅发挥了教室的作用，学生阅读讨论基本上无从谈起，而教师对学生阅读上的指导也浮于表面，南洋学院提供了另一种可能，将学校持之以恒的创新理念融入了学校教育的日常当中。

　　图书馆的一楼是南洋校史馆，也就是说只要进入学院的中心区域，我们就可以看到南洋学院二十年的发展进程，艰苦奋斗的难忘岁月和硕果累累的辉煌篇章都在这里一一展现，优秀教师风采和学子榜样与南洋创校董事一起成为代表南洋精神的重要组成部分。而未来，必将会有更多的你、我、他紧紧跟上南洋奇迹的步伐，出现在这里，将校史馆扩大，使之更加丰盈、更加耀眼！

　　鲁加升的办公室在图书馆五楼的最西边。作为能容纳一万余人的南洋学院的创校董事长、校长，他的办公室就显得"狭小而寒酸"。与我们想象中的并不一样——20多平方米的办公室，迎门靠墙放有一组简约风格的沙发，前面有一个不大的茶几，办公桌在最里侧，椅子后面放置了一个深棕色的书柜，书柜显眼的位置整齐摆放着南洋学院和鲁加升个人的一些荣誉奖章，除此之外，凡是目力所及的地方，几乎都被图书和资料占满了，让人误以为这里其实就是一个资料仓库，而不是一所大学校长的办公室。"办公室再大，能用的地方也不过方寸之间，太大了反而浪费。"节俭是鲁加升多年来养成的习惯，他不会将钱花在一些无意义的事情上。南洋学院最初组建的时候，他的办公桌是从废弃的厂房搬来的旧桌子，甚至没有抽屉，直到现在，他还对那张没有抽屉的旧桌子怀念不已，"你想啊，当你坐在那张桌子前办公的时候，和你谈话的人，他不可能发现，或者想到那是一张没有抽屉的桌子，而我却用那张桌子规划了南洋学院如今的蓝图，那张桌子对我来说太重要了。"鲁加升不无遗憾地说，"可惜在南洋学院新校园搬迁的时候，后勤处将那张桌子淘汰了，不然它现在一定放在我们的校史馆里。"节俭的鲁加升是一个念旧的人，在他考上西北工业大学的时候，他的父亲给他买了一只5

角钱的塑料水杯，那只水杯伴随了他三十多年，他用它在古城西安喝水，用它在厦门做刷牙杯，即使在后来杯盖丢了，他也舍不得扔掉杯子，他用着这只水杯，就时常会想起父亲在送他上学的那天早上对他说的话和饱含希望的眼神，这么多年来，他就是在父亲的激励中一往无前，纵使失败挫折，也不会将他击倒。

2. 南洋美景

—— ❧ ——

　　从厦门岛到南洋学院，要经过一段长达 8695 米的翔安海底隧道，再车行约十分钟便可到厦门南洋学院。鲁加升向来喜欢自己开车上下班，他不想大家围着他转。学校有专职的司机，司机的工作主要是开通勤车接送教师或者接送尊贵的客人。他说，南洋学院的人才都是很宝贵的，他们应该有属于自己的可以支配的时间。中午的时候，鲁加升同大家一样，自己去学校的餐厅排队打饭，和学生、老师一起在餐厅就餐，顺便处理师生们要讨论解决的问题。

　　南洋学院的餐厅叫莲花餐厅，这并不是随意取的名字。南洋学院的每一栋建筑都有一个很有意思的名称，比如将女生宿舍叫"滨北苑"，男生宿舍叫"何厝苑"，教职工公寓和相连着的南洋学院对外开放的"罗马假日酒店"所在区域叫"莲花苑"，另外，还有"仙岳报告厅"、"金尚广场"等，这些别具一格的名称都是以厦门极具特色的地名来命名，而南洋学院在翔安区的新校址尚未建成之前，这些地方都曾经是他们的教学分校，现在这些地方都已经是厦门寸土寸金的繁华区域。

　　南洋学院的新校区于 2006 年 3 月开始动工，至 2006 年 9 月，一期工程完毕，9 月底，第一批 3000 多名南洋学子进入新校区读书，"这就是南洋奇迹，南洋学院用自身的高速发展向南洋学子证明了奇迹这个概念。"天天向上的南洋精神就是创造奇迹的力量，而事实上，一批又一批走出南洋的优秀学子也用他们的实际行动向所有人证明了奇迹可以经由他们之手创造出来。当然，很多人只看到了鲁加升用半年的时间平地建起了一座集环保型、生态型、数字型等多重概念于一体的"花园式"绿色环保校园的雏形，但没人知道，他花了很长的时间对校园做了具有国际水准的考察和规划。宋末元初时期的诗词评论家严羽在其《沧浪诗话》中说："学其上，仅得其中；学其中，斯为下矣。"意思是说，做任何事求其上者得其中，求其中者仅得其下，求其下者无所得。鲁加升对这句话捻熟于心，这也是他做人做事的基本原则。"只有高标准、严要求，才能将教育办出自己的特色来。"鲁加升如是说着，在校园的最初设计建设中他也用这一原则要求着自己和参与南洋学院建设的每一个人。

南洋学院北临厦门华天涉外职业技术学院，西有新店图书馆，南靠厦门技师学院和厦门海洋学院，向东不远是厦门大学的新校区。整个校区呈长方形构建，被文礼路、洪钟大道、文勤路和翔安东路四面环绕，南、西、北三门并开，整个校园总占地近600亩，设计建筑面积31万平方米，是厦门绿色环保校园示范基地。

南门是南洋学院的正门，西门右侧的墙体高低、深浅错落排布，"南洋学院"四个大字像活字印刷的模块镶嵌在墙面上，时尚而又充满动感。从开阔的正门进入，立刻便会受到两旁整齐高耸挺立且统一规格的大王椰子树的热烈欢迎，其后的两侧植物以木棉和凤凰木为背景，前景是经过细心修剪的棕榈科植物形成的绿色篱墙，乔灌木高低呼应，"将建筑融于园景，将园林融于建筑"，简洁大气而又热烈亲切。

右边波光粼粼的原生态天然湖泊里，黑天鹅、土鹅、鸭子傲然自由徜徉，呱呱的叫声恣意飘远，与随风而来的瓜果香气应和着沁人心脾。在这座植物园一般的绿色校园里，鲁加升对绿化的要求除了好看，还要与学校的教学理念"实用型"结合起来，每一种树木栽种前，鲁加升都会亲自对树的形状、品种和栽种地点把关验收，力求每一棵树都能像南洋学院的学生一样，人尽其才。在极具阳刚之美、树姿巍峨的红色木棉花和"叶如飞凰之羽，花若丹凤之冠"的凤凰木之间，随处可见的是结着果实的"实用型"树木，有隐藏在大片叶子后面的香蕉，有黄澄澄团簇的枇杷、有成熟落地的芭乐、有繁盛的南方常见果树芒果、金桔、巴西红果、沃柑、菠萝蜜、太平洋橄榄、人心果、红心柚子、杨梅、莲雾……甚至还有北方的毛桃、青枣、葡萄、樱桃……数十种果实分散在校园里，一路走过去，总会惹人因为惊喜而尖叫出声，站在介于女生住着的"滨北苑"和男生住着的"何厝苑"之间开阔的湖边，看着嬉戏的鸭子和微微荡漾的波澜，郁郁葱葱的果树保持着沉静的秩序感，给这座没有正式命名而被学生们赋予无限想象力的"秋波"

湖增添了几分迷人的色彩。

莲花餐厅的后面，还有一座山头，被称为"百果园"，教育家陶行知的雕像端坐于半山腰，他的简介像一页大书，打开来，嗅着天地的灵气。校园在尊重自然形成的地形和植被的基础上，通过整体设计，剔除了杂乱无章的杂草树木，保留了一片茂密的原始龙眼林，再辅之以绵延起伏的草坡，打造了不同于人工绿化的原生态植物园。西边的百果园与东边的自然湖泊隔空对望，一山一水，辉映成趣。

图书馆分南北广场。从南门进入一眼就能看到南面的翔鹰广场，中心部分由棕榈树阵和大花池构成，左侧为人形入口区和停车场，右侧为"六艺"休憩区。对着南门显眼的位置有一面照壁，"勤奋求实，拼搏向上"的校训在阳光下闪闪发光。这八个大字会明白地告诉你，这如诗如画的世外桃源，就是厦门南洋学院，并世无双。

——静谧安宁的美景是催生勤奋求实的不可懈怠的前进力量。

——拼搏向上是南洋学子一以贯之、扬帆起航的精神内核。

如果你还没有明白要义，那么请看校训的背面，另外八个大字用最通俗易懂的方式再次向你重申、诠释着南洋精神，那就是"天天向上"。

你也许会在此时哑然失笑，心想我们喊了几十年的四个字竟然又在这里醒目重提，真是无趣，但很快你就会在开学典礼上，听到校长鲁加升庄严地告诉你："南洋精神的本质就是，每天进步一点点，努力超越，我们就能创造奇迹。"而奇迹，是早已经被无数走出南洋的广大学子们践行出来的一条切实可行之路——是梦想的实现，而不是现实的梦。

整个翔鹰广场中间通透，两侧围合，核心区域是整体排列的中东海枣，正中间是高大的孔子站相。孔子身体微微鞠躬，双手交叉前伸，放在全身的正前方，两掌叠放，掌心朝内，左手在外，右手在内施礼。孔子虔诚恭谦的古代士相见之礼，既是一种迎接，也是一种示教。南洋学院借此要求学子们在激流勇进的人生中，谦逊恭德，为世师范。

长40米，宽15米的大花池里，三面旗帜高高飘扬。正中间是红色的国旗，两旁是整体呈蓝色的校旗。海洋蓝是南洋学院的标准色。校旗以蓝色为底，其上是蓝白相间的校徽。校徽的主体由内外两层圆环构成，灵感来自于古代的玉环，是向中国传统文化致敬之意。环上分别用英文和汉字书写的"厦门南洋学院"字样。外环是较粗的绳索形态，象征着扬帆远航的动力。环内图案，最下面是深邃的蓝色海洋，上面是展翅高飞的雄鹰立于双旗之上，雄鹰的下方，整体是一个帆船的形象，而船体与海洋结合起来，又是一部展开于广袤天地的"南洋之书"。双旗采用民国时期福建"中心闽"铜圆构图设计，意味着"南洋"概念的源远流长，而雄鹰便代表着南洋学子。鲁加升说："南洋学院就像扬帆远航的巨轮，在经过一代又一代南洋人的不懈努力后，才能遨游世界，而南洋的学子们，只有立于巨轮之尖，奋力展翅，才能实现一个又一个的南洋奇迹。"所谓"扶上马，送一程"便是如此。

3. 平常与日常

59 岁的鲁加升留分头，戴近视眼镜，依稀能看见一些花白的发丝。174 cm 的个头，喜欢穿不同颜色的格子衬衫，偶尔也穿红色的棉 T 恤，将衣服扎进休闲裤里，鞋子是最方便走路的运动鞋，浅灰的那种亮色，给人的第一印象是温文尔雅的儒者风范，却不是那种古板的学究。鲁加升的一举一动都充满着年轻的激情与活力，与厦门这座经济特区城市的气质十分契合。鲁加升的创业史与厦门的崛起可以相互印证——厦门经过四十多年改革开放的发展，由一个小城市一跃成为全国改革开放的领跑者，而历经四十年，厦门不但没有力衰，反而变得浑厚且充满底蕴。鲁加升正是这样，作为最早南下的特区第一代创业者，他在如今的工作思考中，更多的是对中国教育现状的清醒认识和对职业教育未来方向的灵敏嗅觉。"招生想着就业时"，这是鲁加升在 2005 年新华社主办的高等职业教育论坛上的演讲主题，这次演讲内容随后被《中国青年报》《中国教育报》刊出，而这句标题则成为了中国高等职业教育有力的宣传语。

如果他不主动介绍自己，你绝对不会想到他是 20 世纪 80 年代初毕业于国家 985 名校西北工业大学的理工科高材生，学习的专业还是陀螺仪与惯性导航。他是一个健谈的人，有着自己深邃的人生哲学和教育理念。或许是与学生打过太多交道，他与人谈话的一举一动都自然而然地流露出一种自家人的亲和力。

作为中国教育改革创新风云人物、新时代中国改革之星——25 位最具改革理念的中国政界、知识界人物之一的高等职业教育的名校长，鲁加升在三十多年的创业历程中，曾先后获得过航空工业部"优秀教师"称号、陕西省"陕西英才"称号、厦门市"校长管理奖"、厦门市首届"十大杰出创业青年"、"全国黄炎培职业教育杰出校长奖"、"厦门经济特区建设 30 周年厦门商界人物贡献奖"、"中国民办高等教育先进个人"等荣誉大奖，虽为南洋学院董事长、校长，鲁加升并没有觉得自己有什么特别之处，反而他心心念念的是那些同他一起创业，创办了南洋学院的志同道合者。"是大家共同的力量才造就了今天的南洋学院。"他喜欢大家把他当作一个普通的教育工作者来看待，他喜欢"老师"这个称呼。他把一生的心血都倾注在了教育事业上，"给所有的青年学子一个实现人生价值的机会和平台"这是他兴办南洋学院的初衷。

他也会与常人一样，下班去接上小学的小女儿回家，也会亲自下厨，为妻子和女儿奉上一道丰盛的晚餐。

一个人的时候，鲁加升通常会坐在办公室正中间的一张椅子上，看书读报，周围满是温暖的文字堆积的山头，他反而会觉得内心安宁和踏实。有客人来，他会在办公室对面的图书室里接待他们，他也在那里开会，接待学生。对自己的严苛和对客人的尊重形成了强烈的反差。接待室的大部分面积被整排整排的书架占据，他常用的书都在第一排的位置，方便他随时查阅。靠门的地方有一组欧式的沙发，往里有一个小型会议桌，学院的一些小型会议都在这里举行。开会时也没有繁复的仪式讲究，大家随意坐下，将要说的事说出来，讨论，决定，一般的会议都基本上会在 30 分钟内解决完毕。高效化是鲁加升一直强调的工作作风，死板的僵硬化会议程序和官僚风气在南洋学院没有一丝存身之地，他们的工作也像学校的建筑风格一样，是简欧主义。

鲁加升通常坐在靠门的单人沙发上会见客人，而客人则被安排在靠墙的主人位。更多的时候，他要坐在这里处理一些日常事务。一些特别的学生会来这里找他，一类是已经从南洋学院毕业的优秀学子，他们大多在外事业有成，重新来到南洋学院来对接一些业务范畴内的项目，鲁加升最为骄傲和自豪的便是与自己的学生一起谈论合作项目，鲁加升很乐意与他们合作，更愿意为他们提供帮助和服务，他甚至把学生的事业看得更为重要。他说，教育的目的是培养人，当那么多优秀的南洋人才出现在社会上，那就说明南洋学院办学是成功的。鲁加升也很重视在校学生的创业实践，他在修建南洋学院创业活动中心的时候，就提出了"创意、创新、创业"的三创宗旨。在中心成立之初，南洋学院就首期拨出了 100 万元的大学生创业扶持基金，为优秀学生的优秀创业项目加持。

经济管理学院市场营销专业的学生刘晓波领着一群拍记录片的人进入接待室时，没人会想到他是 2020 年将要毕业的在校学生，他与鲁加升的熟悉程度以及牵头做事的自信派头，一点儿也看不出他仅仅是一个在抖音实习不久的大三学生，而与他一起来的两位抖音工作人员都出身名校且都是硕士研究生，而刘晓波毫不逊色。刘晓波与学校招生办联系，争取到了南洋学院 2020 年招生季宣传片的制作项目，与他同来的还有他的合作伙伴——信息工程学院动漫设计专业的 2014 级学生曾子政。他们成立了卡瑞摄影，事业干得有声有色。"我最喜欢我们的学生来赚学校的钱，那说明我们的学生是优秀的。"鲁加升说完这句话，哈哈大笑，虽然戴着口罩，也难掩他的高兴和自豪。

还有一类在校学生会来校长办公室找鲁加升，或是来请教个人近期困扰，或是来咨询长远人生和事业规划，鲁加升都会一一郑重接待，为他们解疑释惑，帮助他们走出困局，或是给他们提供可行性的参考建议，为他们未来的发展提供多种帮助。当然，也有一些问题学生，鲁加升也会主动请他们来，或是请他们的家长一起来，推心置腹地与他们交流，倾听他们内心的想法，并适当适时地提出建议鼓励他们走出人生的阴影。"成功的教育，并不是指将优秀者教育得更加优秀，而是将后进生变成优秀的人才，这一点是最难的，但其实也是教育真正的意义。"每每这个时候，鲁加升看起来更像是一个语重心长的长辈，或者是一个具备专业心理学素养的心理咨询师和规划师，他不厌其烦，循循善诱，他说："发现每一个学生的闪光点，让他们自信勇敢地面对人生和社会，这才是南洋学院教育的精髓所在。"

有时候招聘也是在接待室里进行。南洋学院有一个巨大的人才库，吸纳了各个专业的精英人才，有的是学校根据自身发展需求而招聘的专门岗位人才，由各个部门依据实际需求向人事处申请，人事处向全社会公开招聘，经过严格的把关和筛选，再提交用人部门初选，然后再通过相关试讲面试，最后提交给鲁加升。每次一经招聘信息发布，就有国内外高校优秀毕业生递交简历，他们大多具备硕士研究生及以上学历。鲁加升通常会在接待室对入选者进行最后面试。面试形式也很简约，面试者坐在鲁加升对面的沙发上或是左侧的椅子上，交谈内容除了专业的一些基础知识外，更多的则是对他们社会经历和个人能力的一种貌似随意而又从多角度多层面进行的考察。"能力比知识更重要。"鲁加升尤为看重教师队伍的综合素养。而有些偶尔碰到的优秀人才，即使是在学院目前教学中并不适合或是没有相应的需求，鲁加升也会将他们挽留下来。"人才的储备是高校发展的必需环节，存储比招来即用更重要。"而对于特殊人才，鲁加升则会打破用人的条条框框，甚至专人专设，为他们在南洋的发展提供必要的空间和时间保障。"只要是真正的有用之才，文凭并不是硬条件，南洋学院会以更加包容的姿态接纳他，优待他，这就是民办高校的优势。"

图书馆向阳的部分几乎都采用了大面积的玻璃窗设计，坐在接待室里，成片的图书也不会影响房间的光线。由于对玻璃反光进行了专门处理，阳光照进来也不会觉得刺眼。"我们现在唯一的缺陷，就是每个教室里光线太好，在越来越多的新媒体运用中，我们不得不要给教室加上窗帘。"站在窗边，习习的凉风吹进来，眼底仍旧是郁郁葱葱的绿色植物，隔着另一面阔大的玻璃窗，便能看见图书馆的核心区域，万卷图书就在眼前。

4. 庚子年的春天

———— ❧ ————

2019 年的寒假，鲁加升有一个携全家人去长白山旅游度假和陪年逾 80 的父母去美国看看的计划。春节前，83 岁的母亲腿部有点小疾，鲁加升借此机会说服 85 岁的父亲与母亲同来厦门治疗。二老身体一直硬朗，但向来喜欢在徐州的乡下生活，平常不愿到厦门来，虽然子女们都在厦门，但老人觉得他们尚且能自食其力，就犯不着打扰孩子们。看病是实，但趁着他们还都健康，带他们去外面多走走，也是鲁加升一直以来的心愿。多年来，但凡有空，他都会这么做，2018 年还陪二位老人去了新加坡和泰国。他甚至为这次外出做了许多功课，但谁也没想到，突如其来的一场疫情影响了所有人的生活，旅行计划不得不因此搁浅。让鲁加升略微欣慰的是，因着疫情影响，父母亲在厦门生活了两个多月，他也有时间陪着他们——这是四十年来，他和父母亲团聚在一起时间最长的一次，他也极尽了作为儿子应尽的孝道。直到 4 月初，一切云开雾散，二老才回了徐州的鲁井崖老家。

在全国上下合力抗疫的关键时刻，鲁加升首先想到的是在南洋学院的留守人员，他亲往学院，安排部署对校园的封闭管理，随后通过召开网络会议，对全体教职工下达了安全防疫的特别指令，并安排教师及时与学生对接，做足做好网上宣传教育工作。全校上下，万众一心。

南洋学院是福建省高校中最早号召全校上下为疫情防控募捐的学校之一。鲁加升带头做表率，个人捐款五千元，之后学校管理层在他的带动下也纷纷以个人名义募捐，不久，全校教职工一起行动起来，捐款总额很快就突破了十万元。有的学生在家里也向学校咨询募捐事宜，他们认为为社会做贡献也是自己应尽的义务，在经过学校的商议后，学院以班级为单位，由辅导员组织，根据学生个人实际情况，在坚持自愿的基础上进行募捐。而南洋学院学生的捐款并不是伸手向家里要，他们每个人都有在学校上学期间勤工助学的"私房钱"。南洋学院的募捐，让外界再一次看到了南洋学院的团结力量和奉献精神，这是南洋精神对学生社会属性的一次成功检阅。大多数学生在捐款后说，经过这次募捐，他们心里满是成就感，这是他们第一次集体用自己的钱为社会做了力所能及的事。鲁加升对离校后创业的南洋学子总会说："赚了钱，就要回报社会。"而事实上，步入社会的南洋学子在各自的岗位上，为疫情的捐款数目更大。"我们没有做详细统计，也实在统计不过来，但那一定不会是一个小数目。"

南洋学院将募集的善款通过"中华职业教育社"捐了出去。"中华职业教育社"是 1917 年 5 月 6 日，由中国著名教育家、爱国民主人士黄炎培先生联合蔡元培、梁启超、张謇、宋汉章等 48 位教育界、实业界知名人士在上海发起并创立的一个以倡导、研究和推行职业教育为主旨的民间社团，提出职业教育的目的是"谋个性之发展，为个人谋生之准备，为个人服务社会之准备，为国家及世界增进生产力之准备"。"使无业者有业，使有业者乐业。"——黄炎培先生是中国近代教育史上改革的先行者。南洋学院自建校之初，就秉承了这一职业教育的宗旨，积极加入社团，成为其中的骨干力量。全国人大常委会副委员长郝明金是中华职业教育社理事会理事长，鲁加升任常务理事。南洋学院以此为依托，参与了许多公益活动。

不仅是捐钱，还有捐物。在国外疫情日益严重的时候，南洋学院先后向新加坡南洋理工大学、美国库克大学及其他国外兄弟友好院校共捐赠口罩五千余个。鲁加升硕士毕业于新加坡南洋理工大学，作为该校福建校友会的会长，鲁加升亲力亲为，又另外组织校友为母校"新加坡南洋理工大学"捐赠口罩一万多个。

学生受疫情影响无法正常返校，南洋学院率先面向广大学生开通网课，相对于国内大多数高校的网上教学，南洋学院以快速行动走在了前面，做到了正常开课。鲁加升在随时了解教师网络授课进程的同时，尤为关心教师在网络授课中所遇到的困难，在遇见任课教师的时候，他首先叮嘱大家要注意做好个人信息防护，注意安全，其次便会无一例外地问，有没有教学上的困难。这种大面积、长时段的网络教学是庚子年全国教师所面对的一种新的教学模式，困难是难免的，鲁加升在了解了现状之后，第一时间找到专业人士一对一为任课教师服务，力保他们的教学不受人为因素的影响。鲁加升更多的还是会通过网络对教师慰问关心，提供帮助。当然，对学生更是如此。

2020 年 4 月 13—14 日两天，鲁加升带领学校领导和各部门负责人在南洋学院仙岳报告厅，通过钉钉软件与在家学生进行面对面座谈。根据不同年级分组，座谈会共进行了 4 场。这是一次别开生面的线上座谈交流，"教师可以实现网络教学，学院的管理也应当及时跟上时代发展变化的步伐。"鲁加升说："我们要敢为人先，勇于尝试，将网络化融入我们的教学管理日常中去。"座谈会非常成功，学生勇于发言，向学校领导们汇报了各自在家的学习状况，鲁加升认真听取了学生的发言，并询问了他们在学习中遇到的困难，能随时解决的问题他当即向学生做了解答，不能解决的他又向负责的教师和班主任做了严肃的交代。"一定要把学生的事当成学校的大事来抓。"在每一场座谈会上，鲁加升都会问学生一个同样的问题：在家有没有做家务？对做得好的学生他当场给予肯定和表扬，对做得不够的学生他会提出适合学生的建议和意见。"一个人会不会做家务，也是自身能力的体现。我相信南洋学院的学生一定会在家里帮大人做家务，这一点毋庸置疑，但如何做家务，如何将力所能及的事做得更好，也不是一件简单的事。"鲁加升说，南洋学院的教育不只是教会学生如何在适应社会的同时干出一番事业来，还更强调如何成为一个对家庭，对自己负责的人，"我们要教育全面发展的人才，而不是只会干事业的逆子，一个人不仅仅要对国家、社会有用，还要对家庭有用。通过劳动教育来培养学生的责任感和社会意识，我们要通过一点一滴来影响学生的成长。"在与家长的交流中，鲁加升尤其重视学生在家里的日常表现。

疫情期间，鲁加升不仅没有闲下来，反而比平时更忙了。学生虽然不在学校，但学校的运转仍然是正常的，只不过是换了一种新的模式，而新的模式就需要新的管理策略，这一切都需要鲁加升来调试。受疫情影响，人们的生活方式和交流方式发生了变化，自媒体和网络全方位地介入了人们的生活，有多家公司先后来找到学校，希望能在网络运营方面达成合作，也有的公司直接向学校预订适合网络方面的人才。学校领导层正在考虑一些专业的微调。鲁加升说："哪里有需要，哪里就有市场，我们对学生的培养就会紧紧跟上。"

有时候，鲁加升也会关起门来沉默，熟悉他的人都不会轻易去打扰他，大家知道，这种沉默，有一天也许会促成南洋学院另外一件事情的开始。

尾声：看得见的和看不见的

2020 年是南洋学院建校 20 周年。20 周年的庆典，鲁加升想办得更加隆重一些，更加丰富一些，他想用南洋学院 20 年的发展实绩，向全社会展示南洋学院的累累硕果，用向社会源源不断输送出去的优秀学子来证明南洋教育的卓有成效。疫情常态化之后，他就开始为校庆做准备，成立了专门筹备委员会，大家各司其职，很快就投入到各自的工作中去。

南洋学院的学生们都对鲁加升的电话号码熟记于心。一般人可能很难理解，一位管理着近400名教职工和近万名学生的南洋学院董事长，会在每届新生的开学典礼上，向大家宣布自己的电话号码，他向学生郑重承诺，他的职责就是为每一个学生做好服务。他说："有问题就找辅导员，辅导员解决不了，就找院长、处长，院长、处长不解决，就直接告诉我。"这在大家想来可能会因此而琐事缠身，却成为学生与学院领导层最为有效的沟通途径之一，一些发生在学生间的大事可以由此快速得到解决，学校也会根据学生反映的情况来及时调整教学过程中的偏颇行为。"而最重要的是，一个电话号码让学生有了归属感，也及早培养了学生的规矩意识。南洋学院的学生从一开始就知道什么事需要找什么人就能得到解决，而不会随意拨打校长的电话。"已经毕业的南洋学子也因这一个电话，拥有了与学校随时联系的保障。"我们不会担心学生毕业时的就业情况，作为南洋学院的毕业生，找到一份适合自己而且基本满意的工作对他们来说不是难事。"从南洋学院的毕业生那里，这句话轻易就能得到印证。南洋学院从学生一进入校门，就鼓励学生勤工助学，用课余时间外出兼职，学校也会积极联系企业为学生提供平台，只要学生不偷懒，就不愁没有活儿干。在南洋学院上学的困难学生，如果自己不能养活自己反而是不光彩的。鲁加升现在时常慨叹，就连学校引入校内的中国电信114查号台接线员这种工作，每小时18块钱的报酬，都没有学生干，他们嫌工资低，因为他们都有更好的、更适合自己未来发展方向的工作等着他们。从专业的角度来看，南洋学院的学生对没有技术含量的工种从一开始就不会感兴趣，他们一直在挑战自己的路上勇敢攀登，没人愿意将十分宝贵的业余时间花在单调机械的事上。是南洋学院给了他们敢闯、敢于尝试、敢于奉献的勇气和自信。"我们的学生需要用人单位及早到学校来预订，略微迟一点儿就会抢不到手。"就业在南洋学院压根就不是个事儿，学校反而会重视已经毕业的学生的事业发展状况，并积极为他们提供尽可能多的帮助。也就是说，一旦你进入南洋学院，学校就是你未来事业的靠山。

　　2020年4月15日的早上，鲁加升的接待室里来了两位"重要的客人"：一位家长领着儿子前来拜访。这是鲁加升繁忙的工作中时常见到的一幕。家长是鲁加升的朋友，一个略微发福的40多岁的中年男子，他的儿子瘦高，是南洋学院一名大一的新生。年轻的孩子身上充满了这个时代极具潮流的时尚元素，但整体看起来倒也和谐大方。孩子跟在父亲身后，勾着头，走路一摇一晃，一脸疲惫之态。这个孩子高中毕业后曾先后在两家高职院校读书，但都没超过一学期就因各种原因退学，无奈的父亲只好向鲁加升求助，南洋学院接纳了他。"并不是说因此我们就会对这样的问题学生网开一面而多行宽宥。"南洋学院以与其他学生同样的高标准严要求同意他入学，同时派了专门的辅导员与孩子进行一对一对接辅导。经过一个学期的教育，孩子发生了明显的变化，耳钉和黄色的头发不再成为他与大人较量的武器，他不再是一个"特立独行"的人，他已经完全适应了南洋学院的集体化环境和大学生活节奏，懂得聆听和请教，有足够的勇气与他人正常沟通交流。环境会塑造和改变一个人的行为和想法，在"勤奋求实，拼搏向上"的南洋校训中，特立独行的人就会显得特别孤独，而孤独者一定会想办法通过改变自我来寻求同伴的精神认同。孩子融进了集体，融进了南洋学院的万千学子中，做父亲的在欣慰之余，也把学校看成了自己信任的托付者。他来拜访鲁加升，一是对学校表达谢意，二是向鲁校长汇报孩子近期的表现，在阶段性的家庭教育中，他需要得到学校的持续帮助。鲁加升在了解了孩子的近况后，像个老朋友一样同孩子交流，孩子也愿意把他的所思所想和盘托出，鲁加升对他给予了肯定和鼓励，随后便让办公室的刘老师带孩子到外面聊天，他才对症下药地把方法和建议说给孩子父亲听。这时候，你就会发现，他其实更像一个专业的心理咨询师。"办法总是人想出来的，没有教不好的孩子，但方式方法更重要。"他对那位起身告辞的父亲这样叮咛道。

无纸化办公是南洋学院多年来提倡并坚持的办公模式，节约是一个方面，但最大的好处是提高效率。鲁加升的日常办公主要依靠电脑和手机。各种相关的汇报材料也是以电子版为主。这样看起来显得"很不正式"，与我们惯常见到的当面行政汇报截然不同，但通过这种方式，避免了"假大空的官僚主义和形式主义"，实事求是是南洋学院办公的核心理念。

4 月 15 日的下午 3 点 30 分，南洋学院经济管理学院开任职大会，在林莉教授被任命为经济管理学院执行院长的时候，林莉发表就职演讲时声音洪亮且思路清晰，即兴而又不失严肃，她没有发言稿，这对南洋学院来说是再正常不过的日常表现。而随后经济管理学院院长蒋晓蕙教授发言，如果不是当场聆听，你绝对会以为她是拿着讲话稿"念"而不是"讲"的，这位从集美大学聘请过来的女教授在她流畅的讲话中，自然而然地提到了南洋的"三创"精神，她是一位懂得南洋教学理念的领导者，她所保持的习惯和风范正是南洋教育的精髓所在。毫无意外，鲁加升的讲话也是如此，他不会要求办公室为他准备讲话稿，他对学校的一切了如指掌，他的讲话更加沉稳，严肃中带着和蔼，更具大家风范，他是那种一出口就能把控会场气氛的人。他对蒋晓蕙的敬业精神给予了高度评价，也为年轻的教师指出了发展方向，同时也提出了要求和希望。在询问工作中遇到的困难时，教师们踊跃发言，会场充满了笑声和掌声。"只有在轻松、自由、开放、包容的环境中，才能激发教师的激情和潜能，学校才能高速发展。"鲁加升这样说道。

从 4 月开始，南洋学院就进入了一年一度的招生季，这也是南洋学院一年的常规工作中最繁忙且最关键的时段。南洋学院生源最多的时候，全校在校学生超过 1 万人，曾达到过近 11000 人的顶峰，近几年，学校全力升本，为了达到教师比例、生均面积等多个本科院校的刚性标准，学院在每年招生的时候，逐渐收缩生源，这两年在校学生保证在 6000 余人。有高质量的办学标准和高就业率，口碑载道的南洋学院并不愁生源问题，但学校仍然会在招生季做足宣传。"一是借机扩大我们的影响力，二是要让渴望来我们学校读书的学生提前了解学校。"北京大学前校长林建华提出要把北大建成一所伟大的大学，教育部也提出了建设"双一流"大学，对鲁加升来说，他的目标是办一所负责任的大学——一所一流的民办本科高校。

4 月 22 日，鲁加升为配合学校招生，7 点 30 分走进南洋学院抖音官方号的直播间现身说法，向在线观众做了简要的学校介绍，并与观众互动。他说："把每一个学生都当作自己的孩子，为农村有志青年提供一个命运转折的机会，为城镇有志青年提供成长成才的希望，这是我们的办学口号。"而对于"负责任的大学"这一目标，鲁加升说，作为一所民办高校，首要的是为党、为国家和社会负责；其次是为家长和学生负责。他强调每一个教师要学会换位思考，设身处地为学生考虑问题，以学生家长的角度和身份做好各项迎新准备工作。"我们关键要看行动、看措施，我们不仅要给孩子今天，还要给孩子明天、后天。"

古人云，君子有九思——视思明，听思聪，色思温，貌思恭，言思忠，事思敬，疑思问，忿思难，见得思义。也就是说观看时，想想看明白了没有；倾听时，想想听清楚了没；想想脸色是否温和；想想容貌是否恭敬；想想说话是否忠实；想想办事是否认真；遇到疑问，想想怎样向别人请教；将发怒了，想想有什么后患；看见可得的，想想是否符合道义。

数十年来，鲁加升以君子九思来约束自己，考验自己，从而成人成己。他的办公桌案头那一篇篇亲手撰写的文字材料、一份份教职工转正申请的审阅和订正，都见证着他曾经的承诺和不断前进的脚步。在社会其他领域，鲁加升积极承担社会责任，主动通过开设讲座、参加公益活动等方式，向民众"普及智慧"。他说，"厦门要更美丽，就要动员方方面面的力量，首先是解决人的认识问题和观念问题。"

教育是"教"和"育"的合成体，"教"侧重于学校知识技能法则的传授，"育"则偏重于个人道德行为习惯的养成。鲁加升说："教育绝不是学生进课堂读书那么简单，而是牵涉到个人行为习惯养成、价值取向、思想德育匡正等多方面，它们是教育之基，治学之本。"他从点点滴滴抓起，督促引导学生增强全面学习能力，提升信念意志毅力，养成终生学习的好习惯。他还要求并鼓舞学生坚定人生信念："一个人要有精神，才能立身做事。一个学校要有精神，才能久盛不衰。"鲁加升以实际办学行动将"教"和"育"融为一体，在教育信息化席卷全球的今天，为"如何办教育""高等教育走向何方"等问题提供了南洋样本。

"世有伯乐，然后有千里马。"在"伯乐"鲁加升的眼里，每个南洋的孩子都是独一无二的，每一个孩子也都是尚未雕琢的璞玉。"怎样看待学生，请什么样的人，用什么样的方式教育培养，是教育理念与教育实践创新的关键。只要用心雕琢，每个人都会是宝贝。"他说，只要用爱心去正确引导学生，致力于学生的个性塑造，每一个孩子都是一匹能闯出一片天地的"千里马"。

"把每一个学生都当作自己的孩子。"鲁加升对自己的誓言时刻铭记在心。

俯瞰南洋校园

简欧风格建筑（图书馆外观）